SINCE 1993

雪花 的故事

BRIEF HISTORY OF SNOW BREWERIES

华润雪花啤酒(中国)有限公司 ◎ 编著

中国·广州

图书在版编目（CIP）数据

雪花的故事 / 华润雪花啤酒（中国）有限公司编著 . — 广州：南方日报出版社，2021.12

ISBN 978-7-5491-2466-4

Ⅰ . ①雪… Ⅱ . ①华… Ⅲ . ①啤酒－酿酒工业－工业企业管理－经验－中国 Ⅳ . ① F426.82

中国版本图书馆 CIP 数据核字 (2021) 第 242811 号

XUEHUA DE GUSHI
雪花的故事

编　　著：华润雪花啤酒（中国）有限公司
出版发行：南方日报出版社
地　　址：广州市广州大道中 289 号
出版人：周山丹
责任编辑：方　明　曹　星
责任校对：魏智宏
责任技编：王　兰
经　　销：全国新华书店
印　　刷：涿州市荣升新创印刷有限公司
开　　本：787 mm×1092 mm 1/16
印　　张：15.25
字　　数：145 千字
版　　次：2021 年 12 月第 1 版
印　　次：2021 年 12 月第 1 次印刷
定　　价：68.00 元

投稿热线：（020）87360640　　读者热线：（020）87363865
发现印装质量问题，影响阅读，请与承印厂联系调换

前言 PREFACE

中国啤酒的发展史是中国近现代工业发展史的一个缩影。

华润雪花啤酒的发展史见证了中国经济改革开放、转型升级、锐意进取的产业发展史。

关于中国啤酒的记忆，更多人知道的是俄国人1900年在哈尔滨建立乌卢布列夫斯基啤酒厂，这是中国最早的啤酒工厂，但真正的啤酒记忆却要从"一面坡"说起。

现黑龙江省尚志市一面坡镇，是清末中东铁路沿途一系列车站中举足轻重的一个大站。根据当地博物馆史料记载，在1900年以前俄国人就开始在这里种植啤酒花（列巴花），这是中国啤酒花种植的起源，也是中国啤酒行业最初的身影，啤酒花当时主要用于制作俄式面包大列巴，后来应用于啤酒生产。1904年，作为中国最早的五间啤酒厂之一的一面坡中东啤酒厂成立。今天，中国的啤酒花种植逐步扩散和迁移至主产地甘肃和新疆。中东啤酒厂在度过漫长岁月后，最终成为华润啤酒最早的成员之一。

雪花啤酒，1963年在沈阳啤酒厂研制成功，因其泡沫洁白如雪，口味持久溢香似花而得名。在华润集团收购沈阳啤酒厂之前，雪花啤酒这个品牌和沈阳啤酒等其他品牌一样，在当地享有较高知名度，却无法突破地域限制，甚至在日益激烈的竞争中逐步掉队。

在雪花啤酒这个品牌诞生30年后，1993年，华润集团收购沈阳啤酒厂，一脚踏入啤酒行业。短短十数年，雪花啤酒便取得惊人成就：2005年雪花啤酒单品销量全国第一，2006年华润雪花啤酒总销量全国第一，2008年雪花啤酒单品牌销量摘得全球单品销量的桂冠，这些成绩依然保持年度刷新的态势。

华润的加入改写了雪花啤酒这个品牌的命运，改变了沈阳啤酒厂的历史，并持续推动着中国啤酒行业的变革。有人说华润是中国啤酒行业的一个异数、一匹黑马，从无到有，再到全国第一。然而华润"雪花人"知道，在时代的浪潮里，只有敢为人先，创建一支能打仗、打胜仗的队伍，才能将理想照进现实。

这本书讲述的就是华润雪花啤酒的故事，或者用一个大家更耳熟能详的名字：雪花的故事。

目录
CONTENTS

上篇 雪花之路
BRIEF HISTORY OF SNOW BREWERIES

第一章　一脚踏入啤酒江湖　　3
坚定在中国做啤酒的信心　　7
　　延伸阅读："蛇吞象"大连一役　　8
"蘑菇战略"初现　　10
"新老"管理交锋　　12
　　延伸阅读：东北集团确立管理雏形　　14
学会酿酒　　16
学会卖酒　　18

第二章　沿江沿海　走向全国　　23
沿江沿海"三步走"　　25
　　延伸阅读：华润蓝剑说　　27
为什么是"雪花"走向全国　　30
　• 啤震天　　31
　• 把机会留给雪花　　32

- National Brand 雪花 33
  - 延伸阅读：红区与白区 36
  - 延伸阅读：畅享成长 38
- 二十六只猫和一只虎 40
  - 组织灵活应对竞争 42
  - 延伸阅读：华润雪花的"中战委" 44
- 打造"更好的"管理体系 45
  - "侯八条" 46
  - 印象论 48
  - 第一次渠道改造 50
  - 消费点质量管理 52
  - 岗位的问题 54
  - 275行 55

第三章　不断勇闯　全国第一 59

- 做大规模，做大雪花 62
  - 延伸阅读：百年枣园 64
  - 延伸阅读：循环经济的雪花工厂 66
- 做大规模，做大精制酒 67
- 渠道专业化 69
- 根据地建设 70
- 探索中国的品牌升级 72

• "勇闯天涯"故事开讲	73
• 雪花纯生与古建筑	78
延伸阅读：中国营造学社纪念馆雪花厅	81
• 雪花换标——中国元素	82
全方位改进生产管理体系	84
延伸阅读：集中采购	87
延伸阅读：基地工厂	89

第四章 华润雪花开启全新赛道 93

三年变革，实现有质量增长	96
延伸阅读："3+3+3"战略	97
• 组织再造激发内部活力	100
• 品牌重塑直指中高端	103
• 布局"大基地"提质增效	107
• 重塑文化　重塑团队	109
延伸阅读："五有"团队	112
决战高端，雪花在路上	114
延伸阅读：疫情中的华润雪花啤酒	116
• "五点一线"方法论	118
• 携手喜力，打造中国品牌＋国际品牌群	120
延伸阅读：喜力星银上市	124
站在历史正确的一边	126

下篇 雪花之道
BRIEF HISTORY OF SNOW BREWERIES

孩子的名字是品牌	133
二十六只猫和一只虎	135
车子如何跑得快	137
我们的队伍向太阳	139
愿此风不随此物去	142
喜读"侯八条"	151
华润啤酒为什么成功	153
跟上CRB前进的步伐	155
西行杂记	158
三热爱	162
胡雪花	167

梅花，雪花	171
执行，到一线去	175
没有灵魂的队伍是打不了胜仗的	179
小荷才露尖尖角	183
把学习和反思当成我们的工作习惯	186
打造一支能打仗、打胜仗的高级指挥人才队伍	192
到业务中去，从业务中来	199
我们走在大路上	204
五点一线	208
势能论	220

上篇
雪花之路

BRIEF HISTORY OF
SNOW BREWERIES

进入啤酒行业，从不会酿酒、不会卖酒到成为中国啤酒市场的领导者，华润雪花啤酒已经走过了近30年。

在新员工培训课件上，"蘑菇战略 走出东北""沿江沿海 全国布局""不断勇闯 全国第一""走进新时代"，华润雪花啤酒将自身的发展史划分为四个阶段。

在这里，有敢为人先的创新精神，有笃定前行的坚守精神，有自强不息的奋斗精神，在雪花啤酒，我们把这些精神浓缩为"每一个人都不简单 每一瓶酒才放光彩"。

第一章

一脚踏入
啤酒江湖

BRIEF HISTORY OF
SNOW BREWERIES

1993 ❄ 2000

华润进军啤酒行业，是一个偶然。中国啤酒行业遇到华润，是一个必然。所有人都还记得由"实践是检验真理的唯一标准"引发的"真理标准问题"大讨论，几乎就在同一时间，还有一个对啤酒行业影响巨大的"生产目的"大讨论。经济发展的目标从以钢铁生产为主的"重工派"变为满足生活需要的"轻工派"。"先生产，后生活"的理念开始扭转。1978年，时任国务院副总理李先念作出"把啤酒搞到50万吨"的批示，啤酒生产在20世纪80年代初期的国民经济调整中首先脱颖而出，被列为短线产品而得以优先发展。

1985年，国家实施"啤酒专项工程"，中国建设银行出资8亿元，地方自筹26亿元，开始了中国啤酒自力更生之路。啤酒厂如雨后春笋般不断涌现，遍及各省、市、自治区，有近千家啤酒厂生产着各式各样的啤酒。1989年，中国已经有大大小小的啤酒厂813家。各省、市、自治区都建立了啤酒厂；全国除轻工系统外，其他部门如商业、农业、机械、国防、冶金等都建立了啤酒厂。

快速引进国外技术、装备使得啤酒企业快速投产、快速产生回报，但其是对资金的需求也不断增强，对于以自筹为主的啤酒企业来说，压力与日俱增，一大批靠贷款起家的啤酒企业面临严重的债务负担。

本土啤酒企业的竞争和经营压力并未阻挡国外投资者的热潮。人均13升的年消费量现状（世界平均水平的一半）和巨大的市场潜力，足以在中国明确社会主义市场经济体制的改革目标后，促使国外啤酒企业不再满足于提供贷款和设备投资，外商直接投资增多，中外合资、中外合作、外资独资企业逐步进入中国。海外品牌纷纷抢滩中国，世界排名靠前的美国AB、荷兰海涅根、美国米勒、日本麒麟、澳大利亚福斯特、南非啤酒、丹麦嘉士伯、英国巴斯、德国贝克、日本朝日、菲律宾生力、比利时时代、新西兰狮王、墨西哥科罗娜、马来西亚健力士、苏格兰T牌等蜂拥而入。

1993年，中国啤酒产量达到1200万吨，仅次于美国，成为世界第二的啤酒大国。然而这个行业日益面临着数量多、管理乱、竞争无序、亏损普遍的复杂局面。1992年，在沈阳啤酒厂的年度总结报告中，仅沈阳本地就有12家啤酒厂，足见啤酒行业竞争的胶着。

啤酒行业亟需强有力的"能力者"。

华润集团80周年的纪录片《润物耕心》，是这么记录的。

1993年，时任华润创业总经理的宁高宁，带着团队来到沈阳，参加与沈阳市及日本三洋电器三家合作创办沈阳华润压缩机有限公司的签约仪式。当晚，宁高宁又掀开了随身携带的一份资料，这份一直放在身边的招股书，是一份青啤的招股书，他已经翻看了几个月。压缩机项目协议签署当天，华创团队向沈阳市提出附带收购沈阳啤酒厂的需求，觉得啤酒是一门不错的生意。

从20世纪50年代起，华润作为内地各进出口公司在香港的总代理，经营的进出口商品涉及工艺、丝绸、服装、农副土特、轻工、建材、石化、机械、设备等9大类，在本销的同时，还大量向海外转口。1978年华润在我国对外贸易总额中所占比重达到历史最高峰。

1992年前后，随着对外贸易经营权放开，华润开始由投资经营设施转向投资真正意义上的实业化项目，并借助资本市场筹集资金，通过孵化注资，支持实业发展，由此推动了华润业务由贸易向实业的实质性转型。

东北是中国的核心老工业基地，沈阳铁西区作为近代工业的发源地，早在1940年时就有各类工厂232家，这232家里就有后来的沈阳啤酒厂。在地方招商引资的热潮中，华润先是通过沈阳华润压缩机有限公司落子沈阳，紧接着将当时沈阳十大利税大户之一的沈阳啤酒厂纳入麾下。

1993年12月16日，华润创业与沈阳啤酒厂举行签字仪式，合资成立沈阳华润雪花啤酒有限公司。华润正式踏入啤酒江湖，这是中国经济体制改革和华润转型实业的创举。

坚定在中国做啤酒的信心

初入啤酒行业，华润就表现出了初生牛犊不怕虎的决心，时任华润创业执行董事黄铁鹰说："我要用100亿港币的资金搞啤酒，用10年的时间，做到营业额、利润第一或第二。"这个来自杰克·韦尔奇的数一数二原则，被黄铁鹰清晰地运用在华润啤酒最初的发展规划上，那就是——要做中国啤酒行业的领导者。

宁高宁认为华润从来没做过啤酒，因而，找一个会做啤酒的一起做是最好的方法。1994年，华润创业与世界第四大啤酒公司南非啤酒集团（SAB）携手。SAB入股49%，两家共同经营在华啤酒业务。华润啤酒的两家股东一个是"中国通"，一个是"啤酒通"，都是大型上市公司。一招落子，新生的华润啤酒未来陡然明朗。

在华润踏足啤酒业后，中国啤酒行业骤然从"计划经济"的供方市场变成了"市场经济"的需方市场，从凭票买啤酒迅速过渡到激烈的市场竞争。同时，世界各大啤酒巨头持续涌入中国，一股并购的风潮席卷神州大地。这些，对创业初期的华润啤酒来讲，无疑是个严峻的挑战，它意味着战役的难度升级，范围更广。

在东北立足、开疆拓土的过程中，"蛇吞象"拿下大连毫无疑问是一场经典战役。大连"蛇吞象"的成功，对华润啤酒的存亡有重大意义。一方面，它坚定了华润啤酒股东在中国做啤酒的信心，找到了华润啤酒在中国发展的独特之路；另一方面，这一战打出了一支勤奋且战斗力极强的团队，这个团队一步一个脚印走出了华润雪花啤酒的今天。

[延伸阅读]

"蛇吞象"大连一役

1995年,华润啤酒收购了大连渤海啤酒厂,成立了大连华润啤酒公司。这是华润啤酒第一次走出沈阳,第一次对外并购。能否成功大家心里并没有底。大连渤海啤酒厂占据着市场约15%的份额,它有一个强大的竞争对手——大连棒棰岛啤酒公司,占据着近70%的市场份额。这个被大连人称为"大棒"的啤酒公司,当时销量足足是渤海啤酒的5倍。

黄铁鹰向"大棒"抛出了橄榄枝,提出合资且对方占大股的提议。然而"大棒"认为华润啤酒在大连待不了两年就得退出,面对一个"来日不多"的对手,何谈合资?

合资不成,那么剩下的只有正面竞争了。

大连当时的办公条件非常艰苦,冬天没有暖气,管理层集体住在一个招待所,两人一间。在如此条件下,时任大连渤海啤酒厂总经理王群每个周末,都会去郊县市场,跟"酒贩子"聊天了解市场,仅仅半年就跑了4万公里,算各种数据把计算器按键数字都磨掉了。而王群就是用这个计算器无数遍地计算出了大大小小的决策——其中最著名的就是几年后的"沿江沿海"战略。就这样,在接手工厂的第二年,华润啤酒打了个翻身仗。当年销售啤酒8万吨,不仅使这家工厂有史以来第一次赚钱,而且市场占有率在历史上第一次超过了"大棒"啤酒。

1999年,华润啤酒接手渤海啤酒厂3年后,大连啤酒市场变了天。大连华润啤酒市场占有率从15%升到了70%,对手"大棒"啤酒从70%变成了15%，在竞争如此激烈的市场上，这个"用脚做市场"的团队创造了奇迹，大连公司成为当时华润啤酒各厂中投资回报率最高的工厂。

2001年4月，华润啤酒成功收购了这个"大棒"，奇迹般地完成了经典的"蛇吞象"一战。

收购时的大连渤海啤酒厂

"蘑菇战略"初现

华润啤酒扩张布局的第一步便是立足东北，以沈阳为根据地，继而展开并购。在开疆拓土追寻发展的路上，华润啤酒也在探索市场扩张的战略。"究竟如何书写啤酒版图？""下一个工厂究竟在哪里？"这些一直是华润啤酒要搞清楚的问题。

经过实践探索，华润啤酒摸索出了"蘑菇战略"。在一个区域内先形成一个工厂，然后依托这个工厂，深耕区域市场，建立自己在这个区域里面的强势地位，即占领当地的大份额。继而，再在150公里之外的地方再种一个蘑菇，再做大，当蘑菇由点连成片，就变成了一个大蘑菇。在一个区域种植蘑菇成功后，就可以把这种成功经验复制到其他区域，同时实现各个区域之间的互相支持。在适当的时机联结起来，形成一个巨型蘑菇。

按照宁高宁的回忆，这个后来享誉业界的"蘑菇战略"，其实是一次会议上中外双方对中国啤酒产业回瓶模式下工厂收购方法的形象比喻，并未留下正式的文件，也谈不上成为华润啤酒着力遵循的战略。但是不可否认的是"蘑菇战略"的确为华润啤酒未来的发展提供了方向上的指引。按照"蘑菇战略"的方法，继1993年与沈阳啤酒厂合资踏入啤酒业之后：

1995年12月，收购原大连渤海啤酒厂，成立大连华润啤酒有限公司；

1997年9月，与四川亚太企业集团有限公司合资成立绵阳华润啤酒有限公司；

1997年12月，与吉林松源食品医药工业公司合资成立吉林华润啤酒有限公司；

1999年7月，收购天津富仕达酿酒有限公司成立天津华润啤酒有限公司；

1999年9月，与沈阳望花啤酒厂合资成立沈阳华润创业酿酒有限公司；

2000年5月，收购鞍山瑞德项目，成立鞍山华润啤酒有限公司；

2000年10月，收购安徽蚌埠圣泉啤酒厂和合肥廉泉啤酒厂，成立安徽华润啤酒有限公司。

2000年，当世纪钟声敲响之时，进军啤酒行业七年的华润啤酒，已小有成就。这场"雪"，从沈阳开始，一路飘出东北，经过华北，由蜀入皖。蘑菇战略的战果初具雏形，形成了华润啤酒初期"小区域、大份额"的独特发展模式。

"新老"管理交锋

深谙中国啤酒发展史的业内人士都清楚地记得,华润啤酒最初的业务扩张靠的是并购。在其创业初期,并购的脚步可谓一步紧跟一步。

然而"管理好一个工厂"谈何容易呢,尤其是在华润啤酒诞生之初的那个年代。正如前文所述,中国啤酒行业是较早实行市场化管理和对外开放的行业之一,很多省、市、自治区从国外引进先进的技术和设备,建立了自己的啤酒厂。一些重大的国有企业和部门也建立了自己的轻工业产业,啤酒也在其中。政策的刺激虽然在客观上促进了啤酒产业规模迅速扩张,但工厂高度分散、单厂产能偏低、管理机制落后、经营不善也成了普遍现象。

华润啤酒收购的工厂也不例外,管理改善的进度跟不上资本扩张的脚步。收购来的工厂只能授权由原单位的总经理组建管理团队,仅财务总监由华润啤酒任命。例如在1993年12月,华润啤酒和沈阳啤酒厂联姻后,新啤酒厂的厂长依然由原沈阳啤酒厂厂长肖庆森担任。到1998年,华润啤酒在沈阳、大连、吉林和四川都有了工厂,四间工厂分别由四位厂长管理。黄铁鹰一个人,以"背着包出差"的方法统管四间工厂。

在这种粗放的管理方式下,自然难免会出现违背管理原则的问题。1997年8月,黄铁鹰去大连工厂,发现原大连厂某高层在没有董事会授权的情况下,给别人担保了70万元。

华润啤酒初涉行业时,曾经定下三项基本制度——没有董事会的同意:不许给别人担保、不许借钱给别人、不许做本行业以外的生意。

大连厂该领导是第一个违反这个原则的,这个问题不解决,未来必将愈演愈烈。黄铁鹰意识到，天下没有免费的午餐，想着把企业买过来就能轻轻松松、兵不血刃地赚钱是白日做梦，要扭转这个局面，只能从源头动刀了——换掉原管理层。

不能不说，这些关乎生存和发展的问题暴露于公司起步之初，也是好事。在"谁来接手"的问题上，一番纠结后，人选敲定为时任华润创业驻沈阳办事处主任的王群。王群是收购大连啤酒厂的主要成员，参与了整个收购过程，并负责收购后的交接。

华润创业董事会毅然换掉了老工厂的老管理班底。经过重新"组阁"，以王群为首的一批有管理能力、有创业精神的管理团队走马上任，这是壮士断腕式的一招。

在新团队的领导下，做啤酒不能按经验而是得按流程一步一步走；投料不能"差不多就行"而是要称重；做销售不仅要会卖啤酒，还要看得懂报表；即使一把手拍板的经营决策，制度不允许照样不能做……

经过一段时间的磨合，最初的不适应过去后，在解决一个又一个问题的同时，管理开始逐渐步入正轨。员工看懂了新公司的新规矩，逐渐认可了新规矩，也认可了这个凡事较真讲理的华润啤酒。一批优秀老员工的迅速融入，形成了华润啤酒的新团队。

[延伸阅读]

东北集团确立管理雏形

从1993年到1998年的五年里,华润啤酒的管理是"粗糙"的,没有形成完整的组织架构和管理团队,缺乏规章制度。这是一个缺乏发展战略的阶段,华润啤酒戏称为"草创阶段"。

"草创阶段"的弊端逐步显现:工艺不统一、口味不统一、市场上各打各的、管理上没有章法……而这个时候,散布东北的啤酒厂已经有了从点连成片的趋势,华润啤酒开始有了在更多地方布局的大胆设想——各工厂各自为政、自主管理的组织结构显然不合适了。

1998年8月25日,华润啤酒东北集团应运而生,总部设在沈阳。最初的东北集团只有黄铁鹰、博魁士(SAB)、王群、王懿、张量、张书中六个人,王群被任命为总经理整体负责东北集团的业务。东北集团的成立是华润啤酒开始规范性、有计划地布局华润啤酒在中国啤酒板块的第一步。

成立东北集团的发文文件中,文辞简练的一句话"组建东北集团,成熟一块,运作一块"道出了东北集团的使命——建立华润啤酒统一、规范的管理体系。技术委员会、质量委员会、采购委员会、工程委员会四个专业委员会随之建立(后陆续成立人力资源、市场委员会)。这个在啤酒行业里摸爬滚打多年,攻坚克难无数的团队,很快搭建起了东北集团的生产管理、质量体系、统一采购、人力资源、市场策略等体系。这个体系在今天看来虽很稚嫩,但它却奠定了华润啤酒全国管理的组织架构与管理体系的雏形。

1998年9月19日，东北集团第一次战略研讨会在沈阳辉山召开——华润啤酒称之为"辉山会议"。东北集团管理团队及部分工厂高层管理人员共二十余人参会，这次会议上提出了实现啤酒工艺、口味标准化，探索营销管理等经营改进措施。也就是在这个会议上，仅仅拥有几间啤酒厂的华润啤酒团队提出"做中国第一的啤酒公司"的战略目标。或许当年提出这个目标的人们也没想到，五年之后，梦想竟然成真了。

东北集团战略研讨会（1998年9月·沈阳）
二排正中：黄铁鹰　时任华润创业总经理
前排单人：王　群　时任东北集团总经理

学会酿酒

今天，无论你是在成都、广州还是天津，喝到的"雪花"，都是一个"雪花"味儿。可在华润啤酒的起步阶段，同一个工厂不同批次生产的啤酒味道都未必一样。

当时的市场调研结果显示"华润啤酒不好喝"。反思、找原因，经过一系列市场摸底、把脉，终于发现了问题。一是华润啤酒收购完工厂以后，对啤酒风味关注较少，为了节约成本，酿造用的大米经常用陈米，老化味儿从原料开始一路带到了酒里。二是酿酒的过程也存在问题，没有规范的生产操作手册，啤酒酿造都是由原工厂留下来的所谓技术专家说了算。选料、控制时间等更是全凭经验。这样酿的酒，"不好喝"也就不意外了。

问题找到了，团队得出共识——第一，啤酒的色度、苦味值是影响消费者体验的重要因素；第二，一个产品必须要消除误差，做到口味统一。

有了目标，生产线上忙了起来——反复试验、跟踪，规范操作标准。

值得一提的是，当时，华润啤酒在行业内首次提出了色度、苦味值波动不大于0.5单位的标准。这在当时是不可想象的，行业习惯于"做出来多少算多少"，正负偏差达到2单位随处可见，达到4单位也不稀奇。标准提出之初，在华润啤酒内部也是疑虑重重。然而，在"理解的要执行、不理解的执行后再理解"的精神下，生产团队逐一克服了各种技术难题，实现了所有工厂普遍达标，做到了每个批次的生产方式统一、口味一致。至今回想起来，仍然令很多生产系统的老同事感觉不可思议。

小胜之后是更艰苦的大战。做一致的口味容易，做消费者喜欢的口味很难。按当时惯例，一款啤酒研发出来，要请专业的啤酒评委品评，王群知道后说："啤酒啥口味得谁喝谁说了算？品酒光找评委哪行啊，你还要找老百姓。"

打这开始，华润啤酒认准了一个道理：啤酒口味好不好得看谁喝谁尝，品酒要找老百姓。华润啤酒开始在酿造的道路上越走越精，啤酒制作的每一步都详细记录成案：技术要求、时间、配比、用料等。新口味的啤酒研制出来后，工厂的酿造人员自己先品尝，对味儿了，再将这些不同口味的啤酒带到市场上去请老百姓品尝。大家说好才是真的好。这就是后来的消费点质量管理。

就这样，消费者越来越认可华润啤酒了。

学会卖酒

20世纪90年代末，正值中国啤酒行业竞争加剧期。市场竞争的特点可以用"地面战""白刃战"来形容。有人说华润就是有钱，就知道买买买，然而进入一行容易，打赢同行却难，工厂可以用钱买，生意和市场却不是钱能解决的。市场如战场，华润啤酒打胜仗靠的是"铁脚板+好脑子"。

在啤酒和饮料行业，曾经流行过很久"再来一瓶"的促销。究其历史，就来源于华润啤酒。创业之初，渴望快速发展壮大的华润啤酒，想探究一种可以让顾客获得意外惊喜的消费体验，于是将目光聚焦到了"瓶盖"，通过在瓶盖上随机投放一定比例的"有奖盖"，让顾客在现饮消费场所获得意外惊喜的消费体验，刺激消费兴趣，快速在目标终端市场形成"一个品牌"的消费氛围。这一招，一经投放，收效显著，很快引来其他快消品企业的争相效仿。

当时，号称"西南王"的四川蓝剑啤酒经过多年经营和大规模并购，在四川拥有九间工厂，占据80%的市场份额。这对于"一招落子、步步为营"在四川绵阳落子的华润啤酒来说，是一个不得不破的局。时任绵阳工厂总经理的黄力带领团队深入调研后发现，当时四川整体的广告水平还比较低，广告片的画面都是模模糊糊的。彼时，华润啤酒已经在这方面有了初步的探索，瓶标、瓶盖设计，广告宣传都是与国内知名公司合作，当华润啤酒第一支广告打出来的时候，不论是从画质还是创意上都给了消费者巨大的冲击力。

很多人至今依然记得1999年成都的那场"雪"。当时全成都铺天盖地地放出一条像天气预报的消息：1月18号，你一定能看到雪花。这个消息一经散发，这个很多年才下一次雪的城市顿时炸了锅。市民奔走相告，很多人甚至请了假，拿出了厚衣服准备迎接雪花。1月18日，各大电视台上雪花啤酒的广告接踵而至、遮天蔽日，这时成都人才恍然大悟——"原来是这个雪花嗦"，以"安逸""淡定"著称的成都人民，既来之，则安之，假都请好了，那就一起吃个火锅呗，顺便喝一喝这个"雪花"。

"好脑子"用一个妙不可言的广告创意让成都人一夜知道了"雪花"，接下来无数个"铁脚板"紧锣密鼓地干了一场漂亮的铺市战，让成都人喝到了"雪花"。

当时的蓝剑在四川市场上占据着绝对的市场地位，经销商几乎被他们完全把控，怎样才能快速完成大面积铺市？直接绕过经销商到达终端店，是华润啤酒当时唯一的选择。这个做法的关键点是"唯快不破"，稍有迟慢，被对手发现，就可以很轻松地安排经销商全面封杀。

为了能顺利完成铺市，华润啤酒的"铁脚板"们提前把所有的街道跑了一个遍，标注了成都城内所有的店铺，实地测量了每条街的铺市时间，最终画成了一张作战地图一样的"铺市线路图"。

为了确保效率，华润啤酒的业务员们开始了业务训练，进店的动作完全标准化：送酒进店，递给老板一张名片，在柜台里面贴一张雪花的进货电话，然后告诉老板："老板，您先尝尝，如果卖得好打电话找我进货。"然后立刻转身奔赴下一家店。就这样，在广告发布前三天雪花达到了70%的铺货量。等到"蓝剑"发现，想置换已经来不及了。

"铁脚板"的铺市和"好脑子"的广告相结合，让1999年的这场"雪"在成都扎了根。

雪花的故事

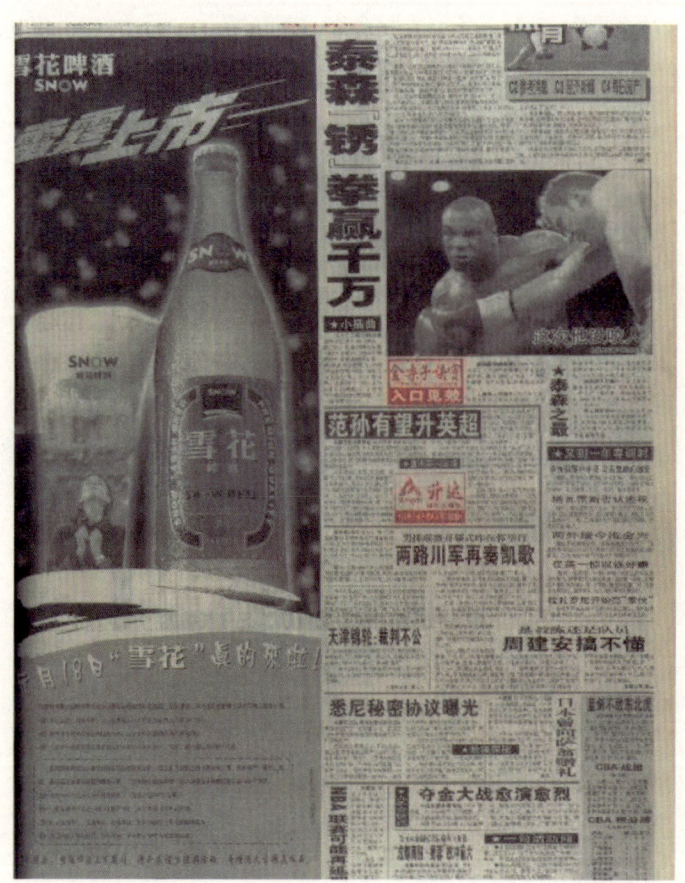

"成都下雪了""雪花"上市报纸新闻（1999年·成都）

华润一脚踏进啤酒业之后，世界各大啤酒巨头也相继涌入中国，一股兼并收购风潮席卷神州大地。

2000年，世纪之钟敲响，华润进军啤酒行业7年，小有成就。8家工厂，总销量104万千升。以东北集团为中心，形成了初步的管理雏形。7年里带给华润啤酒更大的硕果，是磨炼出了一支敢打硬仗、能打胜仗的队伍。这支队伍和他们的作风在风云变幻的下一个十年，成为华润啤酒发展壮大的基石。

第二章

沿江沿海
走向全国

BRIEF HISTORY OF
SNOW BREWERIES

2001 ❄ 2005

自 1998 年成立东北集团后，王群作为华润选定的全国啤酒掌舵人，带领华润啤酒走出东北，一路南下，开疆拓土，走向全国。当时光迈过世纪之交，华润啤酒以更积极的姿态和行动，见证中国啤酒产量在 2002 年跃居世界第一。

2006 年年报显示，华润啤酒在产销量上已经超过其他啤酒企业。而此时也恰恰是华润啤酒纵横捭阖，抢占市场制高点的时候。从几十万吨到上千万吨产能，雪花用了十年时间，这种"疯狂"扩张让人很难相信这是仅凭一个企业自身做到的，虽然存在利润不高等问题，但是雪花的并购狂潮引导了整个中国啤酒行业的质变。使中国啤酒企业数量从千位数，下降到百位数，直到不足 300 家。

沿江沿海"三步走"

当华润啤酒已经在东北、四川、安徽等地种下"蘑菇"之后,接下来,"蘑菇"种在哪儿,成了个棘手的问题。经过反复研究测算,总经理王群在"蘑菇战略"的基础上,提出了"沿江沿海中心城市"的扩张布局战略。

所谓"沿江沿海",就是把华润啤酒的扩张布局锁定在中国东部沿海一线和长江流域一线的中心城市。

啤酒消费属于人口拉动型,一个人喝啤酒的量是有限的,但人越多,消费量就越大。另外,啤酒消费又属于拉动型消费,消费能力决定着啤酒的消费量,也左右着利润的多少。华润啤酒要抢占的就是经济发达、人口多,市场容量大的桥头堡城市,从而占领市场制高点。

随后的 2001 年至 2005 年的这五年,是华润啤酒快速发展的一个时期,在"沿江沿海中心城市"这一战略指引下,华润啤酒迅速进入湖北、浙江、江苏,建立了"白区"销售组织,在广东自建工厂。至此,华润啤酒真正意义上成了一个全国性的企业。

后来,业界人士把这个阶段总结为华润啤酒第一次战略布局经典的"三步走":

第一步,走出东北。

这一步,华润啤酒通过并购和设立销售分公司,在"沿江沿海"地区落子布局:2001 年 4 月,并购黑龙江新三星集团股份有限公司,成立黑龙江华润新三星啤酒有限公司;10 月,和四川蓝剑集团合资成立四川华润蓝剑啤酒有限责任公司。

2002年3月，收购法国达能集团持有的武汉欧联东西湖啤酒有限公司60%股权，公司更名武汉华润啤酒有限公司。

2003年8月，华润啤酒（中国）有限公司北京销售分公司成立；同年11月，华润啤酒（中国）有限公司上海销售分公司成立。

第二步，打过长江去。

这一步之后，华润啤酒首次越过长江，进军中国南方市场：2004年3月9日，杭州，华润啤酒与浙江钱啤集团股份有限公司举行签字仪式，双方宣布共同经营"浙江钱啤股份有限公司"。10月，收购澳洲狮王啤酒集团在中国的啤酒业务，包括其位于苏州、常州和无锡的三家啤酒厂。

第三步，落子华南。

2004年，华润啤酒首家自建工厂在东莞顺利投产。

此前，华润啤酒的扩张全部以收购形式实现。自东莞建厂起，华润啤酒的扩张开始两条腿走路。这一方式主要解决了在布局地区无法实现收购时，华润啤酒如何进入的问题，拓宽了华润啤酒扩张壮大的道路。

"三步走"让华润啤酒迅速占领了中国啤酒市场的"黄金区域"。

随着2004年10月，华润啤酒"吃下"昌都啤酒厂建立西藏公司，2005年，建立西安、青海两个销售分公司，这朵雪花从北到南，从东到西飘向了祖国大江南北。

而这一系列高频的扩张并购建厂步伐，不免引来坊间一些人士的诟病，"华润啤酒有资本无管理"的质疑声一时甚嚣尘上，三人成虎，越说越煞有其事。

面对市场的质疑声，一向低调的华润啤酒不怒不馁，用一个个成功的实例给予了有力的回击。

[延伸阅读]

华润蓝剑说

2001年10月8日，国庆节后上班的第一天，全国各大主流媒体汇聚成都，见证香港华润创业和南非SAB国际酿酒集团与四川蓝剑集团签署三方合资协议，共同经营亚太、蓝剑等在川的12家公司。

这是个大新闻，在当时被媒体点评为"中国啤酒行业有史以来最大的中外合资项目，能改写中国啤酒业的版图"。彼时，中国啤酒行业正处于轰轰烈烈跑马圈地的黄金时期，啤酒市场容量持续扩增，引得中外资本纷纷投入啤酒企业的并购潮。

这一大手笔的资本运作像是在业界投下了一颗原子弹，使得西南啤酒市场格局为之而变，而啤酒行业和各路媒体也几乎在一夜之间认识了这个之前默默无闻偏居东北的华润啤酒，也突然发现了在华润创业阎飚总经理身旁，还有一个厉害的华润啤酒总经理，他的名字叫王群。

四川华润蓝剑成立之初，面临的便是一个"分裂"的组织。团队分裂，两支团队摩擦不断，"你们华润，我们蓝剑"被员工经常挂在嘴边；管理分裂，华润的制度体系化管理和蓝剑的"粗放化"管理，水火不容。"合"，谈何容易？

于是时任华润蓝剑啤酒有限责任公司总经理的张量找到王群，提出要派人力支援。王群说，两种方式，要么原蓝剑人全不用，要么就把这些人凝聚起来，在思想上、文化上认同华润。随后，张量明确了两个关键点：包容和融合。

包容上，一方面，坚决摒除原华润啤酒团队"收购大员"的占领者心态。

另一方面，提出"华润蓝剑说"——今后谁也不许说"你们蓝剑""我们华润"，大家都是华润蓝剑人，谁违背就罚谁。同时，选人用人，业绩的孰优孰劣，均一个"公"字为准，做到一碗水端平。

融合上，新公司管理层首先找准了一个调子——管理风格无好坏。进而将两种管理风格揉在一起，该有的原则，严格遵守不能破；团队的管理与四川当地风土人情相融合。合资第一年，华润蓝剑实现利润1亿500万元，而四川也成了华润啤酒丰厚的利润贡献区。

类似这样的并购整合成功的案例，在华润啤酒还有很多。虽然对当时的华润啤酒来说，这是一个不小的管理挑战，但大多并购项目在经历了蜜月期、冲突期、磨合期后，走向了成长期，实现了扭亏为盈和业绩增长。事实证明，华润啤酒并购不是花钱买完就不管了，而是在并购后实实在在作了管理的输入，生产、设备的改造，并以谦虚、包容的心态与被收购企业的管理团队和员工们交流融合，让他们最终认同雪花并成为雪花团队的一员。

为什么是"雪花"走向全国

2002年,大年初四,在大多数中国人都忙活着"年初四,迎灶神"时,华润啤酒在深圳木棉花酒店召开了第一次战略研讨会。在华润集团董事长陈新华、总经理宁高宁带领下,36位高管用一种"行动学习"的方法做着研讨。研讨的议题只有一个——华润啤酒的战略方向在哪儿?

会后,华润集团总经理宁高宁发表了两篇文章《孩子的名字是品牌》和《二十六只猫和一只虎》,引发了对"全国品牌"与"啤酒整合"两大关键战略的深入讨论和落地,开启了华润啤酒的一个新里程。

• 啤震天 •

《孩子的名字是品牌》，讲的是一个村里面，有个皮（啤）老头，不会给儿子起名字，于是就给自己的大儿子起名叫皮老大，给自己的二儿子起名叫皮老二。有一天，他觉得这个名字实在不好听，就找到村里有文化的账房先生，问："你看我又生了个儿子，该叫个什么名字好啊？"账房先生听了，想了想说："儿子的名字得响亮、好记，就叫皮震天吧！"20年过去了，皮家老大老二默默无闻，老三皮震天当了村长。皮老头非常奇怪，又去找账房先生，问道："我这三个儿子都不错，为什么大家一说起来都说皮震天怎么怎么了呢？"账房先生告诉他："孩子的名字是品牌。"

宁高宁写《孩子的名字是品牌》，是要告诉华润啤酒，必须建立一个全国性的品牌，没有品牌的公司是不能长期发展的。宁高宁和他的《孩子的名字是品牌》坚定了华润啤酒走全国品牌建设之路的决心。

• 把机会留给雪花 •

全国品牌的路不好走,虽然早在 2001 年,华润啤酒就提出了全力塑造"雪花"为全国品牌的战略,但是在认识和方法上,还远远不足。

在全国品牌建设的战略思路之下,王群提出"把机会留给雪花",把"雪花"做成全国品牌也提上了华润啤酒的议程。

2003 年,华润啤酒有一个重要的改变——华润啤酒(中国)有限公司更名为"华润雪花啤酒(中国)有限公司"。新名称本有两个方案,华润雪花啤酒(中国)有限公司和雪花啤酒(中国)有限公司。

在随后的香港董事会上,宁高宁总经理现场拍板——就叫华润雪花啤酒(中国)有限公司。

2004 年,华润啤酒(中国)有限公司正式更名为华润雪花啤酒(中国)有限公司。在推动雪花全国品牌化的路上,彻底与原来的区域品牌策略挥手告别。慢慢地,"华润啤酒"变成了"华润雪花啤酒","雪花"渐渐渗入了业务、团队的方方面面。

National Brand 雪花

什么才是全国品牌？一位 SAB（南非啤酒）董事向市场总监刘洪基提出：华润啤酒要做 National Brand（全国品牌），不要做 Local Brand（地方品牌）。可什么是 National Brand，没人能回答。时任销售发展总监的侯孝海给了 National Brand 一个定义，三条原则：

1. 销量足够大、规模足够大；
2. 在全中国都能看得到，买得到；
3. 在消费者当中的品牌知名度排在全国前三位。

这是个不像定义的定义，但却是一个跟业务实践结合的定义。这个定义的三条原则明确了雪花全国化品牌的工作方向，也由此产生了华润啤酒的几个重点策略。

"National Brand"的第一条原则的主题词是"规模"。

"规模"原则决定了要在全国卖雪花。雪花品牌要遍地开花，Local Brand 和 National Brand 之间要做很好的取舍。然而，现实的情况是，2002年的华润啤酒，只有辽宁的部分地区在卖雪花。

《孩子的名字是品牌》说清楚了孩子的名字是品牌的重要性，但华润啤酒有 26 个"孩子"，26 个孩子有几十上百个名字，哪个品牌拿出来，在当地都是响当当的真金白银。能简单地用"雪花"置换掉大把赚钱的现成品牌吗？都换成了"雪花"消费者还喝吗？结论摆在眼前——华润啤酒需要一个品牌组合策略，而不是粗暴的雪花置换。

2004年，华润啤酒打出了第一记品牌组合拳——"1+1+1"的品牌组合。

第一个"1"是雪花——全国品牌，National Brand；第二个"1"是区域品牌，Local Brand，第三个"1"是区域策略性品牌，品牌中的"敢死队"。最后的"1"完全是出于竞争需要，在短期内存在的品牌。第一记品牌组合拳可以说是华润啤酒品牌组合的过渡性产品，意在稳定产品销售，在不丢甚至增加市场份额的前提下，做大"雪花"品牌。所以很快，"1+1+1"品牌组合变成了"1+N"，区域品牌＋区域策略性品牌合二为一，意在进一步突出雪花品牌，为做大雪花品牌让出了更大的市场空间。

2005年，香山会议。华润雪花啤酒正式提出"雪花"要做到全国第一的战略。于是过渡性产品的"N"陆续告别了雪花舞台，进化为以"雪花"为核心的，多品牌、多品种的组合策略应运而生。随着雪花纯生、雪花勇闯天涯等全国性品种的走向全国，走进中国百姓生活，雪花啤酒在中国啤酒行业一枝独秀。并在2005年首摘中国啤酒单品销量桂冠，且延续至今。

"National Brand"第二条原则主题词是"覆盖"。

怎么让中国各地的人都能买到雪花？怎么让雪花卖进华润雪花还没有建工厂的市场？2002年的一天，王群找侯孝海聊起了这个话题。做百事可乐市场营销出身、刚加盟雪花啤酒第一年的侯孝海说，百事可乐把没有工厂的地方叫"白区"，或者叫"公海"，就是说大家都可以进入的地方。于是，王群说，那我们进入了的地方就叫"红区"吧。"白区、红区"的概念就这么形成了。

后来，为了说清楚这个白区和红区，侯孝海专门在内部刊物《华润啤酒》上发表了一篇文章，介绍白区、红区的来历。从此以后华润雪花啤酒就开始以白区、红区来进行区域划分了。把有工厂的区域叫"红区"，而"白区"是专指华润雪花啤酒还没有工厂，并且目前在策略上没有进入或只是无意识进入的区域。

"National Brand"的第三条原则的主题词是"品牌知名度"。

怎么才能有品牌知名度？第一要有销量，第二要打广告，中央媒体投放广告的策略随之启动。2002年，为打造"雪花全国品牌"的概念，华润雪花啤酒做了很多尝试。比如，请明星代言，推出"一下两个""心情释放"等广告片。但摸着石头过河的头一招，并没有达到预期效果，华润啤酒发现这类大众化的推广活动和普遍性的诉求难以展现品牌的独特性。

2004年1月9日，华润雪花啤酒和科特勒营销集团在北京举行"联手打造雪花啤酒品牌"的签字仪式。红领结、黑西装的米尔顿·科特勒指出，中国啤酒品牌最大的"软肋"是缺乏"有情感价值的故事"。营销的核心是创造价值，雪花品牌也要创造一种价值，给消费者以某种需求的满足。

[延伸阅读]

红区与白区

华润雪花啤酒在营销策略上，结合白区、红区的定义，形成了一个主要的策略，那就是"主市场、大份额、相对垄断"的"华润雪花十字营销方针"。其核心就是，进入一个市场，就要把它做成份额70%的主市场——这也是"根据地"策略的前身。

2004年，有了这个清晰的方针策略后，华润雪花啤酒管理团队决定，围绕"一支队伍、一个渠道、一笔投入、一个品牌"的核心策略，开拓"白区"。在"白区"组建队伍，从零开始卖雪花。从队伍建设到渠道建设，从市场费用投入到品牌知名度的打开，步步艰难。

"白区"多为竞争对手的"根据地"，稍有风吹草动，对手便如临大敌。在对手心中，可以容许其他的品牌"小打小闹"，但雪花啤酒不行。对手的"重视"让我们在经销商网络的建设上极其艰难。而对于长途奔袭至竞品主场的雪花啤酒来说，"白区"的投入要比"红区"大得多，加之这些区域对当地品牌的保护，给我们在"白区"实施正常的消费循环增加了难度，实现"白区"覆盖的道路远比"红区"崎岖得多。

"白区"的建设虽然艰难曲折，但随着雪花啤酒的不断扩张和发展，很多"白区"逐渐变成了"红区"。广东、上海、浙江、福建、山西、陕西、云南、江西等，都是曾经的"白区"。而今天，"白区"的概念在雪花啤酒已经不太提到。但我们不能忘记，从2004年开始的十几年时间里，做"白区"的那一群人，在狭窄的办公室里，顶着竞争对手带来的巨大压力，为雪花做着"突破封锁线"的努力。就像曾经在上海"白区"简陋的办公室墙上贴着的一句话——"意气风发不在一时，持续奋斗才是英雄"，这就是"白区"的真实写照。

[延伸阅读]

畅享成长

寻找情感故事成为品牌定位的开端。随后，一场历时半年，跨越10个城市的市场调查开始。调查显示，华东和华南市场对"雪花"的认知还比较少；沈阳是"雪花"的故乡，有深厚的感情基础，而随着"雪花"的每一步成长，黑龙江等东北消费者的头脑中已形成了"沈阳过来的老品牌，企业很有实力"的品牌印象；在北京、上海的调查表明，虽然"雪花"在全国发展很快，但是在这两个市场并不多见；武汉、成都、合肥等城市的调查表明，消费者认为"成长"代表敢于变化，雪花啤酒的成长快、实力强，可以和"成长"结合起来。

循着这个脉络，华润啤酒深挖消费者内心深处的品牌故事，期望找到消费者对"雪花"品牌认知与其成长概念的关联。

一轮定性调查紧随其后，结果表明消费者内心都有成长的概念和经历，但市场上还没有一个啤酒品牌与此概念结合起来。于是"雪花"将目标人群定位在20至35岁的年轻人。他们每天都在成长，情感生活中出现成长带来的喜悦和满足，他们渴望找到寄托情感的产品，而这个市场还是一个空白。

市场找到了，定位也越来越清晰了。雪花啤酒发现，"成长"也可以是一种选择，即走自己的路，相信自己能够做到想做的事情。至此，品牌口号变成了"畅享成长"，一个关于成长的故事，露出冰山一角。这是华润雪花啤酒与科特勒营销集团的智慧结晶，更是中西方现代文化碰撞的成果。

全国品牌"雪花"第一支广告片

二十六只猫和一只虎

2005年,华润雪花啤酒做成了两件事:一是把"雪花"做成了一个全国品牌;二是"雪花"获得中国啤酒行业单品销量第一。

短短十年,从无到有,到位居中国啤酒行业单品销量第一,这成功背后的要素是什么?让我们从宁高宁的第二篇文章来了解一二。

2002年的华润雪花,有二十六个"孩子"。关于这二十六个"孩子"怎么管,宁高宁讲了《二十六只猫和一只虎》的小故事——

"我们能让一群猫变成大老虎吗?"这不是游戏,是生存的残酷现实。

大山很美,山里来了一只狼,狼饿了,见到一只猫,没费什么劲儿,抓来吃了。狼没有吃饱,看到旁边一只猫,又没费多大周折,也抓来吃了。

直到后来有一天,正当狼饿极时,看到一只大猫。想到前两次都是很轻松地抓猫吃猫,狼毫不犹豫地扑向这只大猫。结果这只猫不但气力大,还凶猛,反而把狼吃了。狼到死也不知道,这只貌似猫的动物原来不是猫,而是一只老虎,一只老虎的力量大过很多只猫。

这个故事不是童话,是真事。在华润集团也有一个类似的故事,正在发生,很相似。这二十六只猫就是彼时华润拥有的二十六家啤酒厂,那只大猫则是我们现在的啤酒集团。如果我们啤酒集团未来不能"变猫成虎",就可能会有很多狼,成为我们的竞争对手,我们就会被群狼吃掉。

宁高宁用他的《二十六只猫和一只虎》告诉华润雪花,"二十六只猫"

的华润雪花只是看起来很大，只有变成了"一只老虎"的华润雪花才是真的强大。变猫成虎，重要的是要有虎的身形（组织）、虎的威力（能力）。由此引发了华润雪花啤酒的另一波改革。

组织灵活应对竞争

2002年，在"沿江沿海和中心城市"战略指引下，新一轮的收购使华润雪花快速扩张，规模增加了70%有余。一方面，由于管理半径大大增加，必须加快统一管理的步伐；另一方面，由于啤酒行业格局发生重大变化，经过多年的竞争、淘汰、兼并，中国啤酒企业的管理、质量、营销水平得到了整体提升，竞争对手已不是单一区域的单独工厂，而是越来越多区域性或全国性的大企业，这对华润雪花的管理水平也是严峻考验。管理的落实需要管理结构的改善，优化组织架构的时候到了。

2001年4月，华润雪花建立管理总部，将兼职和松散管理的委员会改组为总部职能部门，设置专职管理人员，强化专业管理。

2002年初，华润雪花将旗下的二十六家工厂根据地理分布划分为黑龙江、吉林、辽宁、天津、湖北、安徽、四川七个区域公司，区域公司下设区域公司本部、工厂与营销中心。建立了一个以地域为区隔，以专业分工管理为基础原则的组织架构。

2002年6月，华润雪花管理总部从沈阳迁至首都北京。同年，华润雪花确立了新时期总部的管理架构。建立了"总经理＋财务总监＋技术总监＋销售发展总监＋行政总监＋人力资源总监"的管理班子。次年，根据业务需要调整为"总经理＋财务总监＋技术总监＋市场总监＋人力资源总监"的班子结构。新的管理架构展现了华润雪花对核心业务的关注：

一方面，营销事务归口销售发展总监（次年调整为市场总监）管理，将"白区"划入总部销售部统一管理，使"白区"市场得以纳入华润雪花全盘发展规划。同时，从市场部分离出市场信息部，负责市场调查、与市场相关的信息收集分析，以及新产品需求的分析。营销管理专业性较前一个时期得到强化。

另一方面，发展部划归财务总监管理，并将行政等职能剔除，集中管理收购、扩张事务。随后，华润雪花在"沿江沿海和中心城市"的战略下，跨过长江，进入华南地区，并开始尝试自建工厂的扩张模式。这为华润雪花的快速扩张奠定了坚实的组织基础。

至此，华润雪花基本建成了新一时期的管理架构，并在其后几年延续使用。这个组织架构，既让华润雪花能在各个地区市场上，以最快的反应速度应对激烈的竞争，又在管理上加强了统一性，集"二十六只猫"的合力壮大成"虎"，发挥整体力量，推动了雪花在这一时期的快速发展。

[延伸阅读]

华润雪花的"中战委"

2004年4月15日,华润雪花战略制定和重大业务问题决策机构成立。这个机构的名字不无幽默感——"'中央'战略委员会",简称"中战委"。它的职责是:

(1) 制定CRB(华润啤酒)竞争战略;

(2) 审核并指导制定各区域/部门的竞争战略;

(3) 审核并指导制定各区域、各部门的预算、业务计划;

(4) 监督各区域、各部门预算、业务计划的执行情况;

(5) 协调CRB内部既有工作流程无法解决或解决不畅的工作问题;

(6) 其他我们认为该管的事项。

"中战委"虽说使命重大,但最初的成员却并不多:雪花总部的管理层王群(总经理)、张书中(财务总监)、程文凤(技术总监)、侯孝海(市场总监)、陈畅(人力资源总监助理);各个区域的总经理:那永卓(黑吉)、穆宏(辽宁)、李照明(京津)、吴康林(安徽)、叶希耕(湖北)、张量(四川)、孔飞跃(浙江)、刘洪基(怡宝);秘书长:姜宇。

4月26日至27日,"中战委"的第一次会议召开了。四项议题:制定华润雪花竞争战略的方案、华润雪花管理架构的调整、董事会批准的华润雪花预算的落实、讨论"销售费用整合方法"。

2004年,华润雪花诞生十周年之时,最高议事机构运转起来了。"中战委"——华润雪花的发展加速器,它隆隆开动,已经启动的各项管理改进措施,通过这个组织更快地推进起来。

打造"更好的"管理体系

2002年至2005年，华润雪花加快了管理提升的步伐，在营销、生产和各项职能管理上开始了"怎么做会更好"的研究。

时至今日，回顾华润雪花的基础管理体系、管理指引，包括营销的管理、质量的管理、渠道的管理等，基本上都是在这个阶段初创的。

"侯八条"

2002年以前，华润雪花的销售和渠道管理是粗糙的，没有明确的方向，也没有标准的指引。各地用各地的办法，没人去研究和统一，甚至可以说是没有管理。这个情况引起了王群的关注，他找到在当时分管销售业务的侯孝海，于是就有了华润雪花营销能力提升的"侯八条"。

"侯八条"这个名字来源于王群发表在《华润啤酒报》上的一篇文章，叫《喜读侯八条》。

"侯八条"说的是华润雪花的营销，应该从八个模块去发展，要形成八个模块的操作指引，即形成销售组织、销售队伍、销售系统、销售执行、渠道发展、配送能力、生动化和促销八个方面的业务能力规范标准。

2003年，"侯八条"最终编成了一本很厚的书——《销售管理手册》。因为贴近业务实际、好学易上手，被华润雪花广泛学习。王群读后慨叹——"是身在总部发号令、下指示而不操心一线；还是把主要时间、精力放在和一线同事共同回顾、总结、检讨、讨论，研究如何把那些永远看似正确的原则与工作实践有效结合，把你口中的原则变成一线同事头脑中的原则，进而变成实施的行动？'侯八条'显然是后者。"

"侯八条"是华润雪花勤奋踏实、善于学习反思的一道缩影。再后来，又出了一个"渠道分销模式八爪鱼"。"分销模式八爪鱼"在当时的营销界非常盛行，其实就是我们现在说的渠道改造。"渠道分销模式八爪鱼"就是讲的渠道怎么去改造——运用八个模块，推动全国的渠道进行改造。

《销售管理手册》，是华润雪花开始把个人的经验转化成组织经验的第一步，也是把局部市场操作的成功进化成组织操作经验并在全国分享的第一步。

• 印象论 •

2002年前后，随着业务规模的增长，市场越来越大，华润雪花进入的省份和区域市场也越来越多，区域品牌越来越多。同时，由于国内市场各区域、省份的经济发展水平不一致，饮食、生活习惯的差异等，啤酒产品和各个品牌在各地的差异化也非常的明显，这种差异化使华润雪花在品牌塑造、品牌宣传与推广上，呈现出较大差异——没有形成一个一致的"品牌沟通的语言平台"。

在这样的背景下，华润雪花需要有自己的品牌管理，形成清晰、一致的品牌沟通，从而支持全国市场的发展。

要做品牌，先要搞清楚什么是品牌，而关于品牌的定义非常繁杂。

2003年，经过一年多的市场调研、一线访谈和充分讨论，总经理王群给品牌下了个独特的定义——所谓品牌，是消费者头脑中的一堆"印象"。"一堆"不仅意味着品牌在消费者思维中的多变性和消费者需求的复杂性，还意味着在品牌发展过程中，很多行为的不连续性和不一致性导致信息整合困难；"印象"则强调了消费者作为人本身的"主观性"——这就是华润雪花独有的品牌"印象论"。"印象论"是华润雪花对品牌的自我定义、解释及理解。它使得华润雪花从五花八门的定义中跳了出来，为品牌建设的工作定下了方向。

在品牌"印象论"的基础上，华润雪花完成了《华润雪花品牌管理手册》。

《华润雪花品牌管理手册》从华润雪花对市场和消费者的理解角度出发，主要包含了品牌的定义与识别、品牌管理的重要性及如何管理品牌、定位管理、产品管理、广告与媒介管理、公关关系与资讯管理和市场调研及信息管理七部分。在《华润雪花品牌管理手册》中，对华润雪花以前在各地市场品牌塑造与推广中的差异与模糊点进行了清晰的说明，如："什么是品牌""怎样认知和识别品牌""怎样管理品牌""怎样管理产品的研发与发展"等方面的界定和方法。通过这些工作，为华润雪花啤酒找到一致的"市场语言"，建立了"品牌管理与沟通"的系统，为之后雪花品牌的发展打下了基础。

《华润雪花品牌管理手册》在认知品牌、认知消费者与消费、市场与市场细分等很多方面，体现出华润雪花对品牌务实而深刻的理解，其最直接的体现就是雪花"勇闯天涯"产品的建立与成功！

今天，华润雪花啤酒依旧有着这种来自竞争，应用于一线工作的务实精神，以及对新竞争、新环境下消费者与消费的深刻认知。

第一次渠道改造

要实现雪花全国品牌策略的落地,无论是讲打造品牌,还是讲实现覆盖、扩大规模,一个至关重要的环节是渠道,渠道不强,一切策略都无法落地。

2002年,华润雪花成立销售发展部,开始渠道建设,以解决渠道混乱的问题。当时的渠道,以传统的经销商为主,以"厂商——一级经销商——二级经销商——三级经销商——终端"的模式运营。终端在哪里不知道,物流的方向不清楚,甚至销量也经常算不准。

渠道建设有一个完整的方案——《雪花啤酒分销模式变革》,并在合肥、长春、天津试点实施。

渠道建设建什么?

第一,优选经销商。华润雪花到底需要多少经销商?哪个是要发展的?哪个是要淘汰的?经销商怎么划区?第二,缩短渠道链条。第三,要求直供终端,一个终端只有一个批发商送货,禁止交叉送货。第四,明确经销商和雪花业务人员的工作职责。第五,经销商实现专营。第六,终端经营。

2005年3月7日开始,辽宁区域鞍山公司率先启动渠道建设。渠道建设是难啃的硬骨头,鞍山渠道要砍掉现有124家经销商中的三分之二,留下40家专营经销商。随着鞍山渠道建设第一战的胜利,华润雪花渠道建设全面铺开,各地纷纷开始了渠道攻坚战。

这一阶段,华润雪花形成了渠道建设的完整理念:分区划片、一一对应。

无论如何,渠道建设这块硬骨头在华润雪花的大部分区域还是被啃了下来。建设后十几年的发展经验证明，做得好的区域，是因为渠道做得好，做得不好的地方则大多渠道混乱。华润雪花的渠道建设不是一两天的工作，而是直到今天仍在坚持的工作，只是在不同的时期，渠道建设有着不同的着力点。

• 消费点质量管理 •

2003年，当许多啤酒公司还沉浸在对产品质量自我感觉良好的状态中，醉心于一些评比会上的金奖银奖时，王群提出了一个质量管理理念——消费点质量管理。相较于产品质量管理，消费点质量更能代表啤酒的真正品质。因为啤酒的质量会随着时间的推移而衰减，即使出厂时是好酒，消费者也不一定能品尝到最佳风味。而只有消费者喝到嘴里时感受最好的啤酒，才是真正的好啤酒。雪花人确立了以密切关注与消费者的沟通，并根据消费者的内心需求改善产品品质的消费点质量管理理念。

一支消费点质量管理队伍，在雪花总部成立了。这支队伍每月派出近20名检查员，奔赴全国各个市场。他们和普通消费者一样，在酒店、超市、小卖部等市场终端随机买酒取样，再送到华润雪花总部，由国家级品酒师进行品鉴分析。

华润雪花是国内啤酒行业乃至世界上第一个做消费点质量管理的企业。

自2004年5月第一版体系形成，消费点质量管理体系已成为华润雪花最核心的质量管理组成部分。通过消费点质量管理，公司可以动态地发现问题并改进，推动了工厂之间比、学、赶、帮、超，不断提升啤酒质量。虽然每月一次的消费点质量测评，让每个质量管理人员辗转反侧，但也正是这个让质量管理人员备受折磨的消费点质量管理制度，铸就了雪花啤酒今天优良的品质，也让很多不可能慢慢都变成了可能。

举个例子，啤酒的口味与光照有一定的关系，啤酒经太阳或灯光照射一段时间后，会产生一种叫"日光臭"的不良口味。这是啤酒花成分受紫外线影响转化呈现的气味，可以说是自然产生的。但啤酒出厂后，运输、贮藏、售卖，几乎每个环节都会经历光照，于是人们觉得"日光臭"无法避免。但是雪花总部在评价质量时，对"日光臭"并没有网开一面，还把它列入了工厂考核范围中。于是大家开始想办法：仓库的窗户挂上厚厚的帘，拖酒的车必须盖防护布，经销商的库房窗门贴上防护膜。为了做好产品防护工作，质量人员增加了走访客户的频次，不厌其烦地对经销商、零售商进行培训和指导——这些是其他啤酒品牌一般不会去做的。

　　消费点质量管理体系，是一个基于"实在"和"实用"之上的管理体系。它让华润雪花无论是在质量管理还是在技术研发上，始终坚持关注消费者饮用环节的每个细节。今天的雪花，已经通过消费点质量解码，将采购原料、生产过程、贮藏到运输和售卖每个环节进行标准解码，建立了包含数万个指标的指标库，消费点质量就是由这数万个指标构成和实现管控的。

　　2018年，伴随我们15年的消费点质量管理体系功成身退，升级为消费者质量评价体系。新体系中，消费者质量测评的关注点紧扣消费者最能直接感受的新鲜指数、感官质量、一致性等要素，品尝环节也已经让专家"走开"，代之以更贴近普通消费者的营销系统员工代表，以求更加直观地反馈消费者体验。

岗位的问题

华润雪花管理总部和区域公司的组织架构已然明确，关于"岗位"的问题提上了日程。

雪花员工曾经很困惑——"我的工作包括哪些内容""我的工作在组织中是什么角色""我的工作应该达到什么作业标准"……

雪花管理者也曾很茫然——"追究责任，下属互相推诿、无人认账""下属工作不得力而不得不事必躬亲，但部门业绩却总是不理想""员工忙的忙，闲的闲；忙的怨声载道，闲的悠哉悠哉"……

2003年，在时任人力资源总监助理陈畅的带领下，华润雪花启动工作分析项目。经过了调研、访谈和编写工作说明书，在一定程度上规范了华润雪花的岗位标准。

这一年的工作分析项目虽然没有做到尽善尽美，但明确了岗位、职责、标准和任职要求，为未来建立一套科学、合理的人力资源管理体系打下了基础。

• 275 行 •

2002 年，随着华润雪花规模的不断壮大，王群找到时任财务总监的张书中，要一张财务损益表。这个表是能反映出最小利润单元的一张利润表，最小利润单元要以县为单位。2003 年，这张表终于诞生，它的学名叫扩展损益表，但雪花人通常称作"275 行"。这张历时近一年才完成的表，获得了当年度的总经理特别奖。

用时一年做出的是一个什么样的表呢？据介绍，这张表中，众多的业务问题得以数字呈现——哪个公司、哪个产品赚了多少钱？花了多少钱？哪种费用投入效果最好？而在这之前没人能回答这些问题。

"275 行"的研发是由两个工作小组完成的：时任沈阳工厂总经理的刘超带领生产系统的两位同事，以沈阳生产系统班子成员为核心，做生产系统方面的数据标准，包括如何统计、如何归集；销售这边由王群总经理亲自带领，每天在沈阳工厂二楼会议室，召集当时负责销售的范世凯、王煦等一批人进行讨论，将销售环节中的各项费用一个一个过筛子，讨论的关键点集中在各项费用到底能反映到哪个层级、有哪些项目，直到穷尽所有项目。项目做了几个月，做出了一张 275 行的 Excel 表，由此得名"275 行"。

"275 行"是管理口径的责任扩展损益表，解决了从最小预算管理单元到不同管理层级的主要经营指标的数据归集、预算对比、各项费用投入分析、经营结果分析等管理需求，支持了雪花啤酒的业务发展，帮助建立了公司业绩文化导向的考核体系。

但是毋庸讳言，当时雪花的信息化水平相对落后，"275 行"只能通过 Excel 表的方式由财务人员手工编报，存在工作量大、数据有误、呈现时间滞后等问题，且分析维度相对单一。如今随着信息化管理能力的提升，管理系统的优化和升级，"275行"将规划建设成为扩展损益分析体系，内容扩展到销量分析、产品结构分析、损益分析、精益销售分析、市场分析、消费场所分析、产品损益分析、资源投入分析以及经销商贡献度分析等，实现成为业务规范、制度规范、数据规范、信息统一、多维分析、系统管理、自动生成的信息化管理工具，为营销业务的管理和发展、组织重塑和人员优化提供帮助和支持。

2000年至2005年，华润雪花加速了扩张的步伐，新增33家工厂。至2005年底，华润雪花啤酒已拥有41家工厂，总销量达到395万千升，"雪花"品牌更是以158万千升的战果成为全国销量第一的啤酒品牌。而华润雪花啤酒扩张的主题依然是"整合"。整合的重点从资本和生产资源的整合向市场资源、品牌营销的整合过渡，在中国啤酒行业市场化、国际化和集约化的发展环境中，走出了自我革新的发展之路。

第三章

不断勇闯
全国第一

BRIEF HISTORY OF
SNOW BREWERIES

2006❄2016

经济危机之后，啤酒行业理性回归，行业格局逐步清晰，行业集中度越来越高。这时，中国啤酒市场逐步形成雪花、青岛、燕京三足鼎立的格局。从全国上千家企业到只有不足300家企业，中国啤酒用了20年的时间，这期间的上半程是以收购为主流，下半程企业考虑的重点是战略布局，以建厂为主。

其实自2002年中国啤酒产量跃居世界第一后，雪花啤酒和中国啤酒一骑绝尘，雪花啤酒稳稳坐定国内头把交椅，中国啤酒甩开其他国家越来越远。

2006年，华润雪花总销量530万千升，据行业协会统计，是国内销量最大的啤酒企业。2008年，根据国外媒体报道，雪花单品牌销量613万千升，成为全球销量第一品牌。

2008年经济危机之后，受益于国内宽松的经济政策，总体仍然保持5%—10%的增长；2013年以来，行业开始进入下滑通道：自2013年我国啤酒市场产量达到 5061.5 万千升的高点以后，产量不断下降。中国啤酒行业高增长时期已过，行业逐渐步入成熟期。

然而吨酒利润低、产品结构中低档居多，对于中国啤酒品牌来说仍然是一个硬伤。华润雪花深知中国啤酒和自身的短板，一向积极进取的"雪花人"，并没有沉浸在成功的喜悦中，而是再接再厉，提出"由弱变强"的目标，吹响了新的号角。

第一，"做大规模，做大雪花"。此时起，华润雪花的战略布局跳出沿江沿海中心城市战略，开始启动全国性发展战略，向全国布局。雪花啤酒快速做大规模，并且要明显超过对手，也就是要和对手拉开差距。在规模做大的基础上，华润雪花开始提出销售的由弱变强。

第二，"做大规模，做大精制酒"。这一战略，是华润雪花在"做大规模，做大雪花"的基础上的战略升级。华润雪花"十二五"战略正式提出，华润雪花要用五年的时间，建立专业化渠道、发展大根据地、全面提升精制酒。

做大规模，做大雪花

华润雪花啤酒按照"沿江沿海"战略在长江流域和东部沿海完成布局后，便启动全国战略，并在不到十年的时间里完成全国覆盖，其中包括中国啤酒行业最后一次大并购，将金威啤酒纳入麾下。

2006年4月，收购泉州清源啤酒，此为雪花在福建的首家工厂，雪花啤酒开始深耕福建市场。

2006年12月，收购月山啤酒成立华润雪花啤酒（山西）有限公司，并同时成立山西区域公司，由此开启了"雪花"在黄土高原的勇闯之旅。

2007年2月，自建兰州工厂，雪花啤酒进入甘肃。

2007年6月，收购贵州瀑布啤酒公司的100%股份，雪花啤酒进入贵州。

2007年6月，收购湖南兴华啤酒有限责任公司，正式进入湖南。

2009年3月，华润雪花啤酒首次落子山东，收购了山东琥珀啤酒，随后收购聊城啤酒，自建烟台工厂。

2009年4月，成立云南销售分公司和江西销售分公司。

2010年4月，收购驻马店悦泉，雪花啤酒正式进入河南。其后，在河南收购奥克，新建郑州工厂。

2010年12月，新建广西贺州20万千升啤酒厂，雪花啤酒正式进入广西。

2013年2月，收购金威啤酒7家啤酒厂，4家位于广东，1家位于天津，1家位于西安，1家位于成都。金威的并购改写了广东、天津、陕西市场的竞争格局，同时金威品牌得以保留，并进行全国性推广。

2014年和2015年分别成立新疆销售分公司和海南销售分公司。

这十年是华润雪花收获的十年。自1994年到2005年的十年间，从"蘑菇战略"到"沿江沿海"，华润雪花通过收购和自建同步，集中力量攻占人口众多、消费能力强的地区。到2005年，华润雪花基本实现了北起黑龙江，南到闽粤，东起江浙，西至川渝的布局，初步构建了雪花啤酒全国市场的版图雏形。

而自2006年开始，在时任华创总经理的陈树林和王群总经理的带领下，华润雪花与竞争对手在工厂布局上开始了新的赛跑，华润雪花的扩张路线进一步走向全国。

随着"做大规模，做大雪花"战略的落地，时光来到2016年，华润雪花啤酒已经完成全国布局，由7个区域公司一举扩张至17个区域公司，拥有98家工厂，员工5万余人。销售范围覆盖中国内地、港澳及部分海外地区。

从销量来说，华润雪花啤酒在2006年取得销量全国第一，并连续至今；雪花品牌单品销量在2008年成为全球销量第一的单品，并连续至今；2011年，华润雪花啤酒和雪花单品销量均突破1000万千升，并连续至今，在中国啤酒行业一骑绝尘。

[延伸阅读]

百年枣园

2006年，甘肃省兰州市政府在安宁区建立高新技术产业园区，进行招商引资。甘肃是全国战略中的白区市场，"雪花"决定在兰州自建工厂，即华润雪花啤酒（甘肃）有限公司。

高新技术产业园区曾经是一片果园，现已不复存在。"雪花"工厂的位置地处于开发区腹地，原来的树木还没有被完全破坏，留下了一些高大的枣树，项目组商量，"兰州这地方，本来就雨水少，种树不容易，这么好的树，就舍得这样全砍了？""咱们这块地儿挺好，幸亏还没有被平整，咱们把树留下吧。"但是项目组也有人提出异议："看这些树的布局，如果要把树留下，工厂估计就不能建成标准化喽。"项目组领导想了想，既然建不了标准化工厂，那就建一个漂漂亮亮的花园式工厂吧。这个说法让大家眼前一亮，大家对未来的花园式工厂充满了期待。

项目组有人认识当地农科院的一位教授，老教授出于职业习惯检查了枣树的年轮，这些枣树竟然都是树龄超过300年的古树！甚至有一棵树超过500年。项目组负责人得知这个情况时高兴地说："我们留着这些树，不但保护了环境，还保护了古树木呢！"

设计图纸出来后，大家小心地确认树木位置，看着看着，大家坐不住了。原来为了让包装车间能更宽敞些，设计公司在图纸上，私自把包装车间当初测量的数据向南移了15米，虽是出于好意，但施工起来是要砍掉三棵枣树的!

项目组也有人打圆场说:"不就三棵枣树嘛,咱都保留了这么多了,不在乎少这三棵的。"项目组负责人听到这个话,更是气不打一处来:"三棵枣树,说得轻巧,知道这三棵枣树多大年纪吗?300多岁了,加一起都快1000年了,你们嘴皮子一碰,说砍就砍了?为公司着想,公司什么时候说过可以糟蹋东西了?领导都反复强调,一定要能保留就保留,按照原来的方案,难道包装车间还不够用吗?"项目组的人没出声了,设计公司的人也自知理亏,回去修改方案。工厂建成的时候,共保留古树木198棵,郁郁葱葱的枣树掩映着现代化的啤酒厂,相对于周围标准化的工厂,更加引人注目。

这还不是全部的故事。工厂为了这些枣树付出的可不仅仅是这些。2010年,产能20万千升的兰州工厂满负荷运转,瓶场周转不开,工厂凡是可以堆放瓶箱的地方,都已密密麻麻地堆满。这个时候就有人又开始打枣林的主意,建议将锅炉房后面一片枣林全部砍掉,硬化后做瓶场使用。这个消息传到公司管理层,区域领导专门召开了班子会,明确表示:瓶场不够,我们可以想办法,哪怕从外面租场地都可以,但这些树坚决不能动!

转眼十多年过去了,这些枣树陪伴着兰州工厂度过了从无到有的创业岁月,也见证着兰州工厂这些年为践行环保理念所进行的努力。如今,兰州工厂已成为华润雪花绿色环保的标杆工厂,枣园、员工、工厂浑然一体,枣园既承载过去,更将记录"雪花"的未来!

[延伸阅读]

循环经济的雪花工厂

广西贺州富川瑶族自治县，古称"山国"，四面环山，这里曾经是国家级贫困县。

为支持国家扶贫战略，推动乡村振兴。2010年，华润集团统筹华润电力、华润水泥和华润雪花在广西贺州富川县莲山镇建设贺州华润循环经济产业园，构建了电厂、水泥厂、啤酒厂的协同发展模式。

在这样的背景下，华润雪花啤酒投资3亿多元新建贺州工厂，设计年生产能力20万千升。项目工程2011年2月开始建设，2013年1月正式投产，为当地提供了大量就业机会，提高了当地居民收入，改善了当地居民的生活质量。2019年4月，富川摘除贫困县的帽子。

与一般支持乡村振兴的案例不同的是，华润雪花啤酒广西贺州工厂实现了工业废弃物、污染物的完全循环利用，达到工业污染物的低排放或零排放标准，构筑"减量化、再利用、资源化"的循环经济产业体系。

华润雪花啤酒贺州工厂与华润电力、华润水泥资源循环利用，减少了废弃物排放，保护了富川特有的青山绿水，带动了周边地区繁荣，让富川从一个国家级贫困县转变为发展循环经济绿色环保的新兴县。2012年10月，贺州华润循环经济产业园获批为广西壮族自治区循环经济产业示范区，2014年1月，获得国家发改委等四部委联合颁发的"国家循环经济教育示范基地"称号。

做大规模，做大精制酒

在销量突飞猛进的同时，"雪花人"清醒地知道，当时的产品结构多下沉在主流酒上，精制酒并未有突出表现，即使在雪花实现单品销量第一的 2005 年，雪花精制酒销量也只是徘徊在 40 万吨左右。对此华润雪花深感不足。因此，在成为"双冠王"的当年，华润雪花没有在庆祝上浪费时间，而是提出了要对"业务进行全面转型"的战略方针。转型的首要一条，就是"把以主流酒为优势的业务转向主流和中高档全面发展的业务"，这是华润雪花首次将"做大精制酒"作为重要战略举措提出。

在实现"由弱变强"的总目标下，华润雪花提出了高增长的计划，把发展重心转向精制酒，集中表现在雪花纯生和勇闯天涯两个产品上。2008 年，华润雪花精制酒销量 97 万吨，较 2005 年增长近 1.5 倍。然而这并不够，中国精制酒的市场容量历经悄然提升后呈现了爆发式增长。2009 年，全国精制酒总体容量超过 900 万吨，增幅超同期 20%，而华润雪花的精制酒销量却仅是当时主要对手精制酒销量的二分之一。精制酒的发展仍然落后于华润雪花整体发展的步伐，精制酒的发展仍然任重而道远。

2009 年 7 月，华润雪花提出"精制酒倍增计划"。2011 年 4 月，华润雪花精制酒大会在杭州召开，会上侯孝海作"吹响冲锋的号角"的主题发言，进一步描绘了公司"做大精制酒"的目标和规划。王群总经理将公司业务战略定名为"做大规模、做大精制酒"，同时，研讨和发布了一系列实施精制酒战略的保障措施，包括快速提升精制酒质量，限期完成市场调查，重点落实目标、计划、组织、人员，实现规定的有效覆盖，统一精制酒品种，实现渠道再造，跟进业务人员考核激励等。随后，精制酒战略被补充入华润雪花"十二五"战略，明确"华润雪花从 2011 年起的五年中，建立专业化渠道、发展大根据地、全面提升精制酒"。

2011 年底，华润雪花再次在武汉召开精制酒会议。会上发布了"精制酒二十四条"，"二十四条"是华润雪花精制酒操作经验的总结、提炼，在其后的几年里指导着销售队伍拓展精制酒业务。"二十四条"除了在销售队伍、细分、渠道、业务管理以及产品质量上部署了工作要求以外，还是对于精制酒业务给出了清晰的指导思想——"没有统一模式，只有更好的模式""目标定在山尖上，将革命进行到底"！

此后，华润雪花精制酒战略举措接连推出——完善精制酒组织，全线建立专业化的渠道，建立华润雪花全国推广的统一产品。完整形成以超高档的脸谱，高档的雪花纯生，中档的勇闯天涯为核心的推广产品；同时，品牌宣传聚焦雪花纯生与勇闯天涯……将精制酒这场战役一步一步推向高潮。

雪花啤酒精制酒从 2005 年的 40 万千升起步，每年均有较大幅度提升，特别是 2009 年比 2008 年增长 62 万千升；2010 年比 2009 年增长 51 万千升，年增长绝对量均处于第一位，从原先的基本为零发展到全国精制酒第二。截至 2016 年，雪花中档及以上细分销量已达到 415.86 万千升，占总销量的 35.5%。

渠道专业化

2007年华润雪花开始提出渠道的专业化建设思路,将现代渠道和夜场的渠道专业化建设作为重点。确定了包括优质渠道、渠道壁垒等渠道建设的六大目标,全线推动终端经营。

2010年,华润雪花进一步强化专业化渠道的建立,在现代渠道和夜场的基础上,对餐饮和非现饮提出了渠道专营化的要求。从终端出发建设渠道,通过终端细分,根据终端的特点来对应设置和管理渠道。同时,要求专业化渠道建设必须配备专业化的业务队伍,在基本实现"全面专业化渠道建设"的目标过程中,华润雪花同期打造了现代渠道、夜场、餐饮三支专业化的销售团队。

毋庸置疑,渠道建设是一项长期的、与时俱进的工作。这个阶段的渠道专业化建设持续长达四年之久,取得了不错的成绩,为下个时期的渠道"二次改造"奠定了基础。

2014年,时任四川区域总经理的侯孝海在雪花啤酒四川营销中心的年度总结会议上指出,业务增长的核心障碍点是两支队伍——经销商队伍和业务队伍。结合以往渠道建设实践经验和当下渠道的症结、未来的渠道和两支队伍建设要求,CDDS模型应运而生,模型由渠道模式、分销管理模式、经销商经营模式和业务员工作模式组成。目前,CDDS作为华润雪花渠道"二次改造"的核心理念,正在全国推行。

根据地建设

"主市场、大份额、相对垄断"是华润雪花在上个时期形成的十字营销方针。"主市场"是说华润雪花进入一个市场，就要做成主市场。主市场战略的目的，是要实现集中优势资源做好关键市场。主市场建设战略是由"蘑菇战略"衍生而成，经过了几年的市场锤炼，主市场建设战略在2006年进化成了根据地建设战略。

华润雪花对于"根据地"的定义是：具有高市场份额的基本单元，并在发展中实现高品牌地位、高利润回报和强渠道壁垒。2011年，华润雪花将这个战略中的"高市场份额"根据产品档次做了细分——根据地的主流和主流高市场地位不低于70%，且精制酒市场地位不低于50%。根据地以外的市场，按市场份额从高到低分为主导型、挑战型和导入型市场，不同类型的市场，对应不同的市场策略。

根据地建设不单是提升占有率的问题，更是市场建设中各种要素的积累，产品组合、价格体系、渠道建设、品牌/产品推广、竞品抑制、费用效率、组织架构和管理改进等，都决定着根据地能否建设达成和升级。

根据地建设，归根结底是要实现区域市场大份额，形成局部优势，获得稳定的盈利，进而从局部优势扩展到全国优势。

华润雪花各个区域的根据地建设步伐并不整齐，走得慢的区域尚在"50"线以下拼杀，走得快的区域已经在根据地上更上一层楼，贵州区域公司是其中典型的例子。华润雪花在2007年开始正式经营贵州市场，最初只有一个产能不过10万千升的工厂。然而，云贵高原上的雪花人用了十年时间，不声不响地把贵州省内 88 个区块中的 84 个区块建成了根据地——其余 4 个区块也是主导型市场。2017 年，贵州区域给根据地建设工作的目标起了个响亮的名字——建设"成熟区"（80% 以上市场份额）。

华润雪花现今有了贵州、四川等"根据地"市场，专注于地位的巩固和提升，而"非根据地"市场则一直在努力突破封锁线。

探索中国的品牌升级

中国啤酒行业由高增长时期逐步进入成熟期——行业格局更加清晰，行业集中度越来越高。品牌建设成为越来越被重视的一个课题，而品牌落地则成为考验企业营销能力的重点。

此时的华润雪花面临着几个问题：

在销量上，没有与竞争对手拉开差距，无法形成规模优势；

在结构上，精制酒结构比例低，长期盈利能力不强；

在品牌价值上，品牌价值不高，品牌形象定位较低，缺乏个性；

在营销策略上，竞争对手均已完成未来三至五年奥运营销的设计和落实，而雪花却尚未有清晰的营销活动。

种种迹象，都剑指雪花品牌提升的迫切性。而当时的雪花整体品牌不强，在精制酒方面更是缺乏一个支撑性的品牌形象。基于此，华润雪花开始了对品牌升级的探索。

"勇闯天涯"故事开讲

纵观中国啤酒发展历程，营销大致可分为三个阶段——第一阶段是价格竞争，从后续的发展结果可以看出，凡是以价格战为主要营销手段的企业大多被收购或关停；第二阶段是全面模仿，在初期表现出了一定的竞争力，但当国际一线品牌进入中国后，因为不具有创新性，无一幸免地都遭到了有针对性地封杀。中国啤酒企业需要有自己的营销策略，于是在市场发展形势的逼迫下进入了第三阶段。

2005年，华润雪花在雪花品牌形象消费者调研分析中发现，消费者对于雪花啤酒的大部分认知集中于"口感不错""价格公道""越来越多的人在喝""适合大众"等产品属性，其中只有"年轻有朝气"属于品牌内涵范畴。

同时，随着中国在世界之林的崛起，中国人开始有了对自己文化的需求和认同。中国特殊的信息化、工业化、农业化三元社会结构，决定了在中国做啤酒品牌建设既需要规模认同，又需要个性认同。更重要的是，改革开放后，源于改变自我和家庭的主要动因，积极、进取、挑战成了绝大多数中国人的精神状态。

经过反复讨论，华润雪花得出结论——雪花的品牌精神应以当代中国人追求自我实现的时代精神来塑造，以唤起大多数人的共鸣。但具体做什么活动来讲故事呢？时任市场总监的侯孝海决定向所有的广告公司发标书，看看他们有什么创新的想法。

有家公关公司提了一个方案，说雪花啤酒可以去雅鲁藏布江探险，这引起了侯孝海的兴趣。因为这个活动非常有挑战性，别的品牌没怎么做过，即使有，也是一些服装、汽车，而啤酒是快消品，做这个活动影响力会很大。在当时，快消品基本围着音乐、体育搞推广，这种户外挑战活动能跳出来，跟啤酒"激情"的特质也比较符合。于是，侯孝海拍板确定了这个项目，并准备做成一个长期的系列活动。活动的名字让人犯难，总不能叫"雅鲁藏布江探险"，而"雅鲁藏布江"也不能变成一个产品的名字啊！得改造它，可怎么改造呢？

非常偶然，一家媒体赠送的DVD上的四个字引起了管理团队的共鸣，这四个字就是今天所有"雪花人"熟知的"勇闯天涯"。随后，经过一番周密详尽地市场调研、考查和论证，勇闯天涯，这个特立独行的、全国性的、原创品牌故事就此展开。2005年，也是勇闯天涯产品和勇闯天涯活动的元年。在2005年至2014年的十年间，雪花"勇闯天涯"围绕积极、进取、挑战的核心价值，每年设立一个新的挑战主题，从探索雅鲁藏布大峡谷、探源长江之旅、远征国境线，到极地探索、挑战乔戈里、共攀长征之巅；从穿越可可西里、冲破雪线，到翻越喜马拉雅、挑战未登峰。每一次"勇闯天涯"都将人类不断开拓创新、积极向上的精神追求提升到一个新的高度。

勇闯天涯是雪花啤酒针对目标人群精心演绎和讲述的第一个品牌故事。此后的2015年至2017年三年间，雪花勇闯天涯又面向未来的消费主力开展了连续三年的"大学生挑战未登峰"活动，直至2018年，顺应消费升级，superX（超级勇闯）诞生，将"勇闯天涯"的品牌推向新的高度，赋予了其新的时代活力。

勇闯天涯的发展共经历了三个阶段，从最初的"活动推广探索期"到"产品活动结合期"，再到最后的"品牌规范固化期"，形成了独有的不可复制的模型。勇闯天涯品牌打造始终坚持：

1个目标人群：25—45岁，男性，中高端群体；

1个活动精神：积极、进取、挑战；

1个设计原则：雪山冰川、积极攀爬的小黑人、蓝色调、极具挑战的主题；

1个推广目标：活动带产品，拉动终端销售；

1个推广策略：小活动大传播，一网打尽，充分覆盖目标人群；

1个统一协作：区域与总部的传播、落地执行高度统一。

勇闯天涯是华润雪花在啤酒界创下的一个难以被模仿和超越的案例，开创了集品牌形象、品牌活动、同名产品"三位一体"的营销模式。它早已超出了狭隘的业界范围，引发了社会各界的高度关注和积极评价。它已不仅仅是雪花啤酒回馈消费者的独特文化品牌活动，还是众多户外运动爱好者的行走盛宴，成为勇士们挑战自我、再攀高峰的精神家园，也让越来越多的人感受到挑战自我、勇于前行的快乐和意义。

勇闯天涯创新营销的成功操作在这十年中斩获多项营销推广大奖，2016年，"勇闯天涯"销量265.9万千升，占华润雪花总销量的23%，成为华润雪花在中档产品细分中一张有力的王牌。

雪花的故事

2005 年雅鲁藏布大峡谷探索

2006 年探源长江之旅

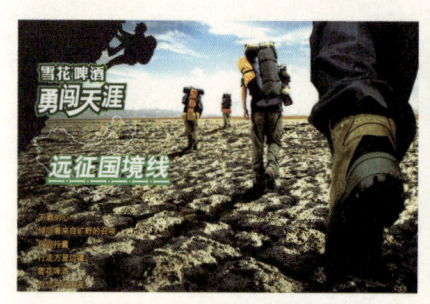

2007 年远征国境线

2008 年极地探索

2009 年挑战乔戈里

2010 年共攀"长征"之巅

上篇·雪花之路　　　　　　　　第三章　不断勇闯　全国第一（2006 ❈ 2016）

2011 年穿越可可西里 　　　　　　　2012 年冲破雪线

2013 年翻越喜马拉雅 　　　　　　　2014 年挑战未登峰

2015 年大学生挑战未登峰 　　　　　2016 年大学生挑战未登峰

77

雪花纯生与古建筑

"勇闯天涯"让华润雪花在中档产品细分上树立了江湖地位。在高档细分上,华润雪花随即捕捉到了一批酷爱"单反"的摄影爱好者,他们的调性与"雪花纯生"产品的定位不谋而合,于是"雪花纯生"与中国古建筑的故事结合了。

中国古建筑活动,最初是由华润雪花联手清华大学组织赞助的一项公益活动。推出中国古建筑活动的初衷,是希望通过华润雪花的社会责任担当与清华大学在建筑学上的高深造诣,保护中国濒危的古建筑,让古建筑的美得以传承延续。

用古建筑来讲"雪花纯生"的故事,以古建筑摄影大赛作为品牌活动推广"雪花纯生"。这是一个冒险的尝试,毕竟在古建筑与啤酒之间建立连结并不容易。但这也是一个挑战,因为它与其他品牌有着颠覆性的差异,有独特的内涵且具连续性。最为重要的是,从根本上讲,无论是古建筑还是摄影,都积极正向,并带有厚重的底蕴气质,符合"雪花纯生"的高端形象。

然而,"雪花纯生"在推出之初,并不顺利,销量增长慢,各方负面评论众多。顶着各种压力,华润雪花艰难而耐心地坚持着这条"不寻常的路"。终于,在推出三年之后,"雪花纯生"销量大爆发,2012年,达到26.7万千升。"雪花纯生"带给华润雪花产品结构与利润的双提升,同时,也使华润雪花对中国古建筑保护的贡献,赢得了良好的社会反响,增强了企业责任感和品牌美誉度。

2018年4月,华润雪花联合清华大学建筑历史与文物建筑保护研究所,在清华大学建筑学院举行了"普及与传承——中国古建筑研究与传播合作项目"签约仪式。迄今为止,双方合作出版的《中国古建筑知识与普及系列丛书》8套41册,累计销售70余万册,同时向全国各大公共图书馆、高校图书馆、相关古建筑管理单位、研究单位捐赠图书20余万册,促进了中国古建筑文化的普及与传承。自2009年起,以中国古建筑为题材的"雪花纯生中国古建筑摄影大赛"成功举办了八届,累计作品量890余万,吸引了470余万人参与,成为中国规模最大、影响最广的摄影赛事之一。

雪花的故事

古建筑摄影大赛及历年获奖作品

[延伸阅读]

中国营造学社纪念馆雪花厅

中国营造学社纪念馆是全国唯一一座全面反映中国古建历史的大型综合性专题纪念馆。2018年11月7日,中国营造学社纪念馆雪花厅正式开馆,该馆是集收藏、研究、教育、宣传功能于一体的小型综合博物馆,馆藏文物以营造学社旧藏为基础,致力于营造学社专题史料库和文物保护教育基地的建设。这是华润雪花与清华大学建筑学院合作"中国古建筑普及与传承合作项目"中的又一重要举措。

雪花换标——中国元素

品牌建立的基础，就是给消费者一个独特的、清晰的印象，并通过深刻的印象向消费者传递一种文化和承诺。一个成功的品牌，必然有丰满鲜明的品牌识别，但"雪花"这两个普通的汉字，似乎很难达到这种效果。

时间走进 21 世纪，中国人的精神与心态悄然发生着变化。其中，最大的改变是自我文化需求的提升，特别是入世和申奥成功后，中国的世界地位提升、人均收入提升、视野逐渐宽广，消费者心理也随之发生着一些显著变化。人们对"中国元素"的自豪感、对中国文化的认同感与日俱增。

2008 年，华润雪花也推出了全新的品牌标识。新标识主题定位为"中国元素"——以中国传统剪纸艺术风格设计"雪花"二字，并将"雪花瓣"图案植入其中。同时，在"雪花"产品新包装设计上，也融入了很多有中华文化象征元素：戏剧脸谱、中国印章、书法笔触、古建窗洞。

2012 年华润雪花第一支超高档啤酒——"脸谱"在上海召开新品发布会。作为超高档细分的识别元素，"脸谱"透过博大而悠久的中国戏曲文化折射自身品牌价值。产品标识采用京剧脸谱形象，将传统的东方元素用现代时尚的方式演绎，使雪花脸谱传递出了独特的"中国味道"。

可以说，华润雪花将啤酒与中国元素融合的尝试，在品牌识别上，构建了雪花与同类产品间明显的区隔。华润雪花在品牌塑造上走上了自己独有的路。

| 戏剧脸谱 | 中国笔触 | 中国窗洞 | 中国印章 |

新标识

"脸谱"上市（2012年）

全方位改进生产管理体系

随着越来越多的生产工厂加入华润雪花啤酒，截至2016年，华润雪花拥有98家工厂，这些工厂规模、设备、工艺、效率、人员等情况千差万别。如何将这些工厂高效管理起来，触发了华润雪花啤酒的生产管理改进。

2010年，一本名为《精益思想》的书，引发了雪花啤酒负责生产系统的程文凤和李季的思考，并随后开启了华润雪花啤酒的精益之路。这是一本围绕"丰田模式"讲精益生产的书，核心是以精益理念为指导、以持续追求消除浪费、满足客户需求为目标的制造管理模式。

2010年11月，华润雪花迈出了精益生产的第一步——在南京工厂开展精益生产试点。精益生产项目组通过学习研讨、调查对标、参考SAB的世界级制造，集中梳理形成了精益生产的三个步骤——现状描述—精益设计—精益实施。

2012年，精益生产试点成功，产出两个核心成果：一是流程改善，通过流程再造消除浪费环节、对检验的项目、范围、方式方法进行调整，编制了精益工厂建设标准；二是明确员工技能标准与评定的办法，即制定岗位编制标准、达成编制标准的激励办法和工厂发展目标。其后，试点单位第一次员工技能评定很快完成。

通过南京工厂的试点，精益项目组找到了解决工厂员工"三低一高"（工资低、技能低、满意度低、流失率高）现象的有效路径。试点之后，精益生产在江苏区域全面推广，并进一步在雪花啤酒范围内开展宣传贯彻培训和学习交流。

很快，精益生产的效果显现，2012年，南京工厂实现生产效率同比提升33.33%；华润雪花整体人均生产效率同比提升21.74%。

在第一步的基础上，2014年7月，总部生产中心和人力资源部通过总结南京试点及推广经验联合制定下发《工厂基层员工职业发展体系》，迈出了工厂员工职业发展的第二步。为基层员工技能评定和职业发展这个迫在眉睫的问题提供了一套完整、科学的管理方法。《工厂基层员工职业发展体系》规划了工厂发展远期目标，目标包括：设计工厂发展阶段及对应的岗位定编和达成战略指标的标准；统一工厂架构、岗位标准和薪酬体系；以技能培训、技能评定、技能薪酬体系促用工总数优化，及员工技能、人均效率、人均收入的提升。

2015年，雪花各工厂逐步实施并轨。至2018年，所有工厂全部并轨完成。

工厂基层员工职业发展体系带来了真正的改善——2014年，华润雪花生产工厂基本均处于初始阶段；2019年，所有工厂都脱离了初始阶段，其中，13家工厂达到三阶段，64家工厂达到二阶段，人均技能等级平均1.25级。同时，2015年至2018年的三年间，完成精益项目共计6500余项，累计培养1800名"黄带"，112名"绿带"，1名"黑带"，仅带级培训认证项目的收益便超过了5亿元。整体人均生产效率又提升了47.28%。

精益之路的前两步为后续试点打下了坚实基础，2015年，经过深刻系统的总结，华润雪花精益生产从摸索阶段发展到结构性体系化阶段。华润雪花生产系统精益管理体系首先在余杭工厂试行，并命名为"雪花之路"（SNOWAY）。"雪花之路"将华润雪花精益之路定位为：将雪花打造成为世界一流啤酒企业。"雪花之路"管理模式为管理变革、5S、目视化、标准化、自主维护、资产维护、员工发展、团队协作、持续改善和绩效评价10个基础模块和EHS、质量、成本、交货4个支柱模块，每个模块设计5个阶段，并逐步扩大到浙江区域其他工厂。

未来，雪花之路的步伐将以基地工厂为核心向全国所有工厂逐步扩展，华润雪花各工厂的进步速度会更快、更稳，并将以此推动生产系统发生根本性的变化。

[延伸阅读]

集中采购

2002年,华润雪花在东北集团采购委员会的基础上成立总部采购部。采购部的成立,是各区域公司采购业务规范管理的开始,从此告别了无序采购。其后,采购部开始了酒花、麦芽、瓶盖等啤酒生产原辅材集中采购的尝试。

2008年底金融危机爆发。原材料价格暴涨,并且货源紧缺。华润雪花提出了"如何把规模优势转化为成本优势"的课题,在这个背景之下,将采购业务集中到总部,统一进行采购决策,逐步形成了"集中采购"的理念。

针对不同采购物资的特性、指标、时效性、物流成本占比、需求变化、市场环境等特点,经过综合分析定位,华润雪花将不同物资的采购方式和途径划分为三种模式。

1. 统购分销:主要针对通用性强、金额比例大、市场风险高、供应资源相对集中的麦芽、酒花等物资。

2. 统谈分签:主要针对具有各区域公司质量控制标准不一致,运杂费占其成本5%以上,且受市场影响需求量不稳定等特性的酒瓶、纸箱等物资。

3. 统谈统签:主要针对通用性强、金额比例不大、供应资源相对集中的备品备件、订制冷柜等物资。

经过这一变革,总部集采金额比例在2009年迅速提升至69%,现今基本稳定在85%以上。通过集中采购,华润雪花掌握了市场主动权,主要物资采购成本持续多年低于主要竞品，成为整个行业的标杆。

2013年，采购管理进一步深化，通过延伸控制管理、提升市场敏感度、精准预判市场后期走势、供应资源开拓及战略布局、研判行业态势、借助外部力量等手段，实现了采购质量和成本目标控制。

[延伸阅读]

基地工厂

2005年的"做大规模,做大雪花"战略,给华润雪花的生产系统提了个难题——如何提升"雪花"中高档酒的质量?如何让"雪花"在各地都是一个味儿?

华润雪花的快速扩张,使得工厂的数量急剧增加。虽然各个工厂生产的"雪花"在生产工艺上是一致的,但在原料、装备上却没有统一。而早在华润雪花下决心做大中高档酒时,就已明确了"质量必须要好"的原则。那质量要怎样才能好呢?彻底统一酿酒涉及的各个环节这个任务落在了技术中心。

经过一段时间的研究,技术中心的专家们发现,完全统一各个环节几乎不可能,最根本的原因在于各个工厂的设备不一样。于是,"基地工厂"作为解决方案被提出。最初提出的"基地工厂"指的是每个区域公司选出一个主力工厂。"基地工厂"都按照统一标准配备最好的检测设备和专业的质控人员。也就是一个区域有一个"中心化验室",以支撑全区域公司的产品检测。

随着高档酒"雪花纯生"的推出,"基地工厂"的概念发生了一点变化。为了"雪花纯生"质量的一致和稳定,华润雪花选出了"基地工厂"中的"基地工厂",由这些优中选优的"基地工厂"来专门生产高档以上细分品种。

在这个问题上,华润雪花的原则很任性,宁可运距远一点运费高一点,也要让最优秀的工厂生产高档酒。严苛的标准下,华润雪花诞生出七个基地工厂——沈阳工厂、河北工厂、武汉工厂、南京工厂、萧山工厂、四川工厂和东莞工厂。而之后的每一年，华润雪花都会对所有工厂进行再评估，确定当年的"基地工厂"名录。

东莞工厂

四川工厂

武汉工厂

沈阳工厂

2006年至2016年的十年，对于中国啤酒行业而言，是跌宕起伏的十年。2008年经济危机给中国啤酒业带来了一定的震荡。而2009年至2013年受益于国内宽松的经济政策，市场容量仍然保持5%—10%的增长。2013年以来，行业开始进入下滑通道，三年间，市场产量下降约500万千升。中国啤酒业的高增长期结束。

这十年是华润雪花收获的十年。2008年，雪花啤成为世界销量第一的啤酒品牌。2014年，雪花啤酒成为世界首个产销量超过1000万吨的单一啤酒品牌。

截至2016年，华润雪花拥有98家工厂，员工总数达到50 431人，总销量1172万千升，营业收入287亿元。经过硝烟中的一路拼杀，华润雪花逐渐坐稳了中国啤酒第一的地位。

然而，这十年的快速扩张给雪花带来快速发展的同时，也给未来的发展带来了隐忧。

第四章

华润雪花开启全新赛道

BRIEF HISTORY OF SNOW BREWERIES

2017 ONWARDS

截至 2016 年，华润雪花拥有 98 家工厂，员工总数达到 50 431 人，总销量 1172 万千升，营业收入 287 亿元。国内啤酒行业排名前五分别为华润雪花、青岛啤酒、百威英博、燕京、嘉士伯，前五大啤酒厂商占据约 75% 的市场份额。经过硝烟中的一路拼杀，华润雪花逐渐坐稳了中国啤酒第一的地位。

然而，过去十年的快速扩张给雪花带来快速发展的同时，也给未来的发展带来了隐忧。早在几年前，行业变化已经让华润雪花深感忧患。

这背后还有中国啤酒行业的许多问题，整体规模连续 3 年下降，产能远大于需求，分散低效的产能亟需整合。规模下降的同时，价格却在提升，消费升级态势明显，市场焦点从主流酒的竞争变成产品升级换代的竞争；90 后成为啤酒消费主力人群，产品设计、品牌推广、营销互动必须与移动互联网时代成长起来的新生代相匹配。

综合行业专家们的分析，未来中国啤酒市场规模收缩主要有两方面原因：一方面是啤酒的主流消费人群数量减少。根据国家统计局数据，中国 1970 年的人口出生率为 33.59‰，1990 年、2000 年这一数字分别降至 21.06‰和 14.03‰；另一方面是伴随消费升级，预调酒、葡萄酒和烈酒（以威士忌、白兰地为代表）等替代品的销量上升。2010—2015 年中国进口酒销量从 0.46 亿升增长至 5.38 亿升。

盘点华润雪花自身，过去以并购为主的开疆拓土成就了千万吨级的生产规模。但当市场竞争逻辑改变时，问题重重——规模很大，但中高档酒占比较少，整体盈利不高；较多的中小型工厂产能利用率低，缺乏资源整合与协同，成为巨大包袱；组织和文化不能与未来竞争相匹配，战斗力不足。与此同时，外部竞争对手悄然升级。

反观国际巨头啤酒公司，产能效率高，品牌组合优势明显，组织管理更具刚性。与之相比，华润雪花的劣势"条条都是致命伤"。

站在变革的路口，侯孝海总经理初履新。"变革的市场给雪花啤酒留下了短短 5 年到 10 年的变革窗口期，当前雪花啤酒迫切需要的是断腕式的再造"——一语拨开雪花新时代发展方向的迷雾。

在啤酒高端化加速的行业背景之下，华润雪花有一个自 2017 年开始的"3+3+3"战略，力求把握行业变局带来的发展机遇，通过 3 个 3 年规划的实施，将公司转变为品牌盈利、管理能力和人才结构都处于行业领先地位的企业，更好地实现"引领产业发展，酿造美好生活"的公司使命。

三年变革，实现有质量增长

2017年4月，华润雪花在小径湾召开战略会议，以一篇题为《明天会更好》的文章，提出"业务增长、转型升级、创新发展"三大管理主题（后调整为"有质量增长、转型升级、创新发展"）和七大战略举措——组织再造、品牌重塑、产能优化、企业文化重塑、营运变革、渠道二次改造、玻瓶管理（后增加信息化升级、互联网营销、精益销售，称为"十大战略举措"）；并重新制定华润雪花的目标：未来五年盈利翻倍、市值翻倍。事实上，在三年的时间里，华润雪花啤酒提前实现了这个目标。

推动如此深刻和激烈的变革，要有理想和激情，更要有思想统一的团队和高效的执行力。针对新时代的战略，华润雪花管理团队在小径湾的华润大学讨论了两天，这是满堂激烈争执的两天。会议结束时，尽管管理团队对新战略仍然半信半疑，但这支二十几年积淀下来的队伍仍然探索着踏上了自我颠覆与重塑的路。

[延伸阅读]

"3+3+3" 战略

前三年（2017—2019年），有质量增长、转型升级、创新发展。主要体现在"去包袱、强基础、蓄能量"。前三年我们跑得很快，变得很快，成长得很快，决心也大。但如果第一个三年没有"去包袱"，就没有今天这么大的利润，这么好的效益，这么好的队伍。2020年，我们实现了雪花人均收入的大幅增长，人均收入位居行业第一，这是我们"去包袱"带来的。"强基础"，我们大量的业务在规范，大量的策略在推出，大量的理念在梳理；组织也在改变，我们统一认识，把队伍打造成一支能打胜仗，敢打硬仗的队伍。"蓄能量"，如果没有关厂减人释放的巨大红利，没有雪花与喜力的合作，没有品牌重塑，没有大客户模式，就不可能蓄积这么大的业务能量。

中三年（2020—2022年），决战高端、质量发展。因为我们当初制定的五年战略三年就实现了，所以就有了中三年。中三年主要是"补短板""提质量""增效益"。"补短板"，我们的短板是什么？短板只有一个，就是高端酒，这是这三年我们要解决的短板。"提质量"，可以提升的工作很多，例如营运变革、信息化升级、职业发展、人才规划、财务转型，都可以做进一步的变革，这种变革可以使得我们的管理水平、管理效率得到更高质量的提升。"增效益"，就是让公司的效益再翻一番，有更大的资源来投入"4+4"。今年我们"4+4"产品的品牌投入费用是公司历史上最高的一年。钱很重要，钱不是股东给的，是我们自己创造的，只有提升效益我们才能有更多的资源来投入品牌，才能在品牌方面得到更大的爆发。我提出"双引擎"发展的构想，一个是品牌重塑和高端业务的发展引擎，一个是产能优化营运重构和组织优化的管理变革，我们是双引擎发展。前三年主要是管理变革为主、品牌和高端业务为辅的发展推动，中三年要演变为双引擎同步发展的动力。未来品牌和高端业务释放的利润会越来越大，但前期的品牌投入一定要有一个五年的时间。行业和竞品的领导都说我们的市场投入比较大，其实我们的投入未来会更大，这都得益于前期蓄积的能量。

后三年（2023—2025年），高端制胜、卓越发展。如果说中三年我们

的目标是接近对手，那么后三年的目标就是要全线超越对手。后三年主要是"赢高端""双对标""做一流"。2025年，国家"十四五"规划结束，我们要用实际行动，将华润雪花做成国际一流的啤酒企业。"赢高端"不是接近目标而是要超越，"双对标"我们要把能量再提高，"做一流"就是要做世界一流的啤酒企业。

（摘自侯孝海文章《势能论》）

• 组织再造激发内部活力 •

在华润雪花二十几年发展中，组织能力的提高落后于业务能力，总部的管理与区域的组织架构、职能设置不匹配，总部各部门的职责不清晰，总部的审批事项和流程很不规范。如此种种，在很大程度上影响了华润雪花啤酒前进的步伐。究其原因，是因为雪花的组织设置一直是以区域公司自主建设为主，未能实现统一的组织架构。部门多、人多、官多、作业多、担当少成为制约华润雪花发展的组织症结。

2017 年 3 月，组织再造项目启动。项目以"总部做强、区域做实、大区／工厂做精"为组织设计目标，聚焦解决组织架构标准化、业务流程明晰、管理人员精简、基层岗位优化、员工职业发展通道搭建、绩效考核体系健全、薪酬重塑七大组织问题。

2017 年上半年，华润雪花啤酒全面规范了各级组织的职能、经理人配置标准以及职务体系。组织"硬件"就绪后，项目开始了组织"软件"的优化。当年 12 月，重新梳理明晰了关键业务审批流程。次年 5 月，建立起经理人任期、轮岗及绩效考核机制。

华润雪花组织效率开始提速的同时，组织再造项目向解决"人员"问题纵深推进。

为了解决华润雪花啤酒员工队伍庞大，员工收入持续偏低的问题，2018 年 3 月，雪花啤酒启动了中基层岗位管理与员工职业发展项目。同年 10 月，中基层岗位绩效评估体系诞生，这是华润雪花啤酒成立 25 年来首个覆盖各级业务单位的岗位设计标准。

雪花啤酒员工拓展活动

"定岗定责定编"是一项繁杂而又细致的工作。项目以"效率定编"为原则，根据市场成熟度、行业标杆数据，结合内部分析，建立定编数据模型，确定编制总数。然后根据不同组织规模、不同市场特点、操作方法等研讨确定具体编制。

　　2019年1月，员工的职业发展框架出台，将雪花啤酒各职系划分出7个一级岗位序列、25个二级岗位序列，并据此搭建员工职业发展通道、设计人才队伍结构、建立任职资格标准。建立员工职业发展通道，引导员工"职业化"发展。

　　2019年7月，薪酬重塑项目启动。通过新的薪酬制度的建立，结合即将完成的岗位管理落地、职业发展体系等，实现"人才、薪酬、职业发展"三位一体的组织机制。

　　历时两年半的时间，雪花啤酒实现了组织标准化和经理人配置标准化，解决了总部与区域公司、区域公司与区域公司之间业务流程不统一、效率低下的问题；进而完成了从人治到流程化管理、从集权到授权的转变。长久以来的经理人"终身制"被打破，优胜劣汰的用人法则在全体经理人队伍中得以实施。

　　一系列管理制度的重造点燃了华润雪花的组织活力。同时，在人才队伍塑造上对"三级一把手、三个驱动轮、两支推动器、两支队伍"等核心人才系列培养项目的实施，使华润雪花组织中核心人才能力快速提升，更为华润雪花找到了个人发展与组织提升相互推进的有效途径。这一推进进一步带动了雪花组织能力迅速提升。

• 品牌重塑直指中高端 •

2008 年，雪花啤酒成为全球单品销量第一品牌。之后的十年间，品牌提升始终是华润雪花的一个"坎儿"，如何实现"由大到强"的突破，如何提升产品结构，品牌是其中最关键的一张牌。

华润雪花发展中，虽然形成了主产品"雪花"，但雪花的"品牌群、品牌力"仍未真正建立，中高档仍是华润雪花的软肋。在华润雪花的品牌发展历程中，有一个怪现象——在产品管理上，每次推出新产品，推动速度慢，效果不理想，缺少对新营销方式的尝试。

2017 年 5 月 19 日，品牌重塑项目组成立；6 月 14 日，项目启动。品牌重塑将项目划分为勇闯天涯 superX、匠心营造、马尔斯绿、概念系列等子项目。在消费升级和互联互通的两大消费环境下，扛起了品牌和产品转型升级的重任。

2018 年，品牌重塑首个子项目勇闯天涯 superX 交付。勇闯天涯 superX 上市发布会在杭州国际博览中心召开，华润集团负责消费品板块的副总经理陈朗出席以示重视。本次新品发布会堪称啤酒行业有史以来最具年轻化、个性化的发布会，1 个主会场、120 个分会场，数万名经销商现场参会，7200 万人次通过网络直播见证这支重磅新品的"首秀"。

勇闯天涯 superX 通过两个网络 IP 实现新品认知度的快速提升，并不断强化 X+ 蓝色符号，打造独特的品牌印象。通过覆盖全国的数十场线下 Xparty 主题推广活动持续吸引消费者、促进终端推广。

superX 的上市发布、新媒体营销、二维码营销、代言人粉丝带货、顶级 IP 终端联动推广等无一不是华润雪花前所未有的创新。由此，我们似乎看到了华润雪花旧营销时代的终结。

superX 为后续的新产品运作积累了宝贵经验。以 superX 为起点，一个个让人惊艳的新品接踵而至。

同年，匠心营造作为实施品牌重塑举措推出的一款攻占高端啤酒市场的"旗舰产品"，目标群体锁定追求更高品质生活的社会中坚人士。匠心营造瓶心标识"匠心菱"，巧妙地嵌入窗棂，瓶体雕花篆刻"步步锦"，复刻东方美学格调，演绎极致匠心。

匠心营造斩获四大国际设计大奖（A Design Award——铂金奖，意大利顶级大奖最高荣誉；One Show 金铅笔——优胜奖，全美 43 年历史，创意人生涯终身成就；2018 Pent Awards——金奖，包装设计界的奥斯卡；German Design Award——德国官阶最高设计奖，德国国家设计奖）。

匠心营造通过与另一档美食节目合作，针对目标消费群体，探究美食与美酒的匠心与文化，传播品牌理念。上市 3 个月后，匠心营造已进入全国 29 个省会及以上城市销售。

2019 年 4 月，雪花马尔斯绿上市。马尔斯绿聚焦新中产目标人群，以时尚、创造力为品牌内核，主打时尚营销，强化及提升雪花品牌高档细分市场的品牌竞争力。

品牌重塑项目推动以来，华润雪花推出的全国品牌各具个性，superX、匠心营造、马尔斯绿及新脸谱被雪花人戏称为雪花新品牌的"四大金刚"。更为让雪花人欣喜的是，新品牌不止是"看上去很美"。以勇闯天涯 superX 为例，上市仅 6 个月，就进入全国 321 个地级及以上城市，并实现销量 10 万吨。

雪花勇闯天涯 superX 啤酒

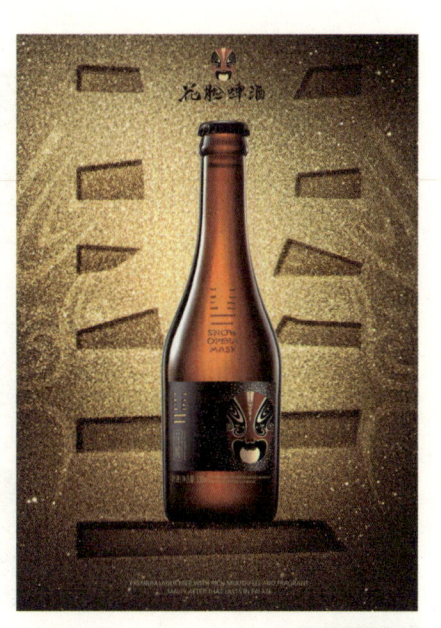

雪花花脸啤酒

雪花匠心营造啤酒

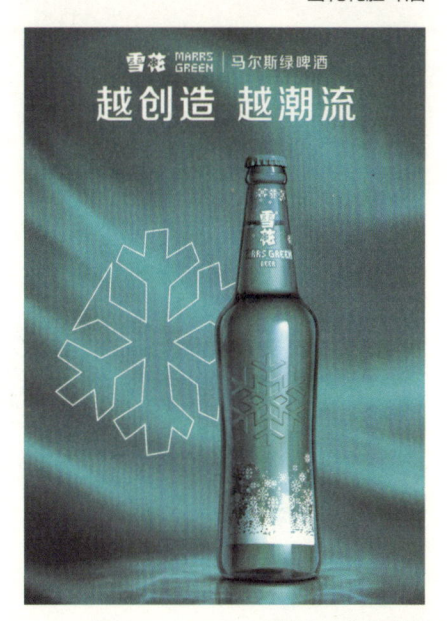

雪花马尔斯绿啤酒

superX 上市发布会

马尔斯绿北京线下体验活动

布局"大基地"提质增效

2017年,华润雪花共有98家工厂,其中中小型工厂占大多数,产能利用率低下,这些工厂的特点表现为集中度不够、消耗大、生产成本高、效益低下等。

2017年9月,华润雪花战略研讨会提出产能优化项目。"同样产量,我们要90家工厂,国际品牌只需7家……窗口期刚刚开始,我们还有机会,但也时不我待!"在谈到产能优化必要性的时候,总经理侯孝海如是说。

华润雪花启动产能优化项目,以转化产能布局的方式,做大全国基地工厂,做强区域主力工厂,由分散的小工厂变为发展的大型工厂,以追求高效率、节约成本及效率提升为目标。同时,去除落后、低效产能,关停产能利用率低的小厂、老厂。

产能优化大刀阔斧改革的这一步,得到了时任华润集团董事长傅育宁等领导的鼎力支持,集团在各个环节给予了雪花啤酒团队极大的决策空间。实施产能优化,每一个环节都如剥茧抽丝,不敢有丝毫懈怠。项目组经过反复讨论,结合实施工厂的经验,从人员安置、资产处置、法律保障、方案编制、项目跟踪、产能规划等方面制定了相关专业指引及操作模板,并持续跟踪项目进展情况,总结每一个工厂实施过程中的经验教训,再进一步优化专业指引和操作模板,力求保障每个工厂关停工作顺利完成。

从 2017 年关停自贡工厂开始至 2019 年，华润雪花的工厂数量由 98 家下降到 75 家，产能利用率提高到 53%。关闭工厂虽短期带来减值，但长远效益却极其巨大。产能优化未来能带给华润雪花的，将是富有产能集中的"大工厂布局和全球领先的生产效率"，这也将成为新时代"雪花"逐鹿啤酒行业的有力武器。

重塑文化　重塑团队

华润雪花在 20 多年发展历程当中，从一个起步东北、产品单一的小工厂，到成为走向全国、业内前茅的知名企业，从一个小品牌走到全球单品销量第一的龙头地位。这个历程当中积淀下了很多优秀的文化传统，"五湖四海""业绩文化""每一个人都不简单，每一瓶酒才放光彩"等文化理念，在华润雪花啤酒发展的路上，其塑造着雪花的团队，也引领着雪花的发展。

遗憾的是，虽然华润雪花有着优秀的企业文化；但是，这宝贵的文化从没被系统整理过，也没有清楚明白地向员工输出过，更没有融入华润雪花的业务和员工的行为中。于是，出现了一个奇怪的现象——每个雪花人的心中都有一个雪花文化，但这些文化却是模糊不清，甚至支离破碎。

这些"文化碎片"既不能代表华润雪花文化的全部，也无力支撑雪花新时代使命的实现。"一支没有文化的队伍是打不了胜仗的。"总经理侯孝海在《没有灵魂的队伍是打不了胜仗的》一文中一针见血地指出。2017年，雪花文化重塑项目列入华润雪花重大战略项目。

2018 年 1 月，文化重塑项目组成立并确立项目目标：提炼华润雪花核心的文化基因，并最终实现文化推动战略落地、文化引领企业发展、文化凝聚团队力量。

"雪花的文化应该是全体雪花人的文化"——文化重塑项目组开始了针对全员的文化现状调研。38 000 余名雪花人参与文化问卷调查，同时一对一深入访谈近 600 人。历时 40 天的调研，华润雪花形成了 33 万字的文化调研报告。2018年4月12日，在烟台的雪花文化重塑启动会上，这个报告让"雪花人"第一次清楚地知道了华润雪花经过20多年的发展，累积了哪些优秀的文化；也让"雪花人"惊诧于我们的思想中还淤积了一些亟须革新的思维。

  2018年10月18日，华润雪花企业文化体系在江苏无锡正式发布，一个立足"雪花"未来发展战略，体现全体"雪花人"意志的文化体系诞生了。雪花文化体系在华润集团文化指引下，以"每一个人都不简单，每一瓶酒才放光彩"为核心，明确了雪花的使命、愿景及"雪花人"在员工价值、组织氛围、经营理念中应该秉持的做事方法。

  随着雪花文化的诞生及普及推广，"雪花的文化是什么"的答案逐渐清晰，雪花文化的种子也已深植雪花团队。雪花啤酒也将文化与管理制度、经营管理、员工行为、社会责任、品牌管理融合，开始了雪花文化从体系建立向员工认同、员工践行的转化之路。这颗文化的种子已经稳稳生根、发芽、绽放并结出硕果。

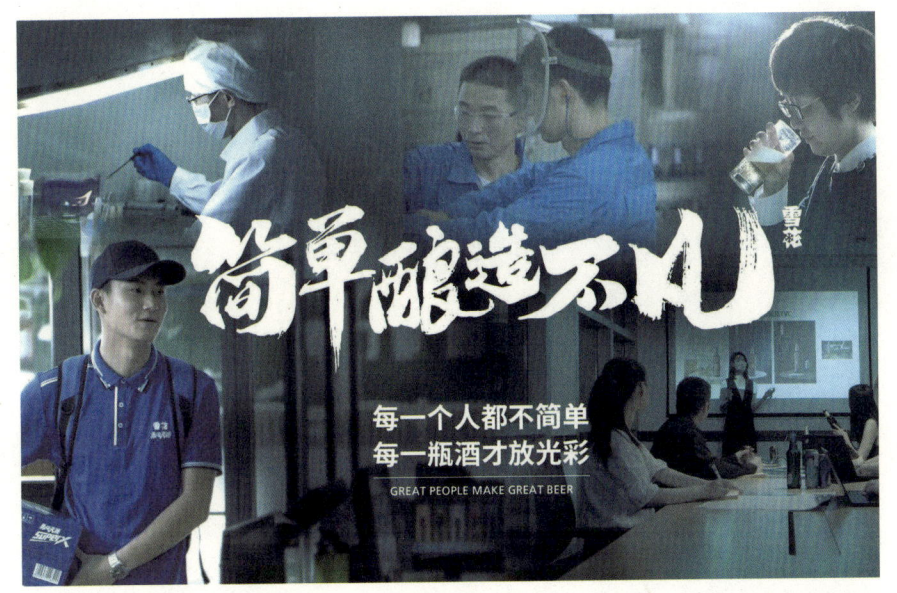

雪花文化宣传片

[延伸阅读]

"五有"团队

"五有"即：有目标、有策略、有能力、有精神、有业绩。

第一，有目标。我们有目标吗？我相信每一位一把手都会有目标。雪花啤酒"3+3+3"的大战略已为我们描绘了雪花啤酒九年分段及整体的目标，所以，我们雪花啤酒的团队是有目标的。

第二，有策略。我们有策略吗？当然有。《营销发展新理念》《决战高端"五点一线"方法论》《高端策论25条》，还有各区域公司、各营销中心、各销售大区、各生产工厂无数业务实践的案例总结和经验萃取……这些都是我们的智慧沉淀，也是我们团队制胜的策略。

第三，有能力。我们有能力吗？雪花啤酒这几年一直在不断地铸造高端销售能力，我们做国际+国内双品牌组合群、搞渠道营销、推进产能优化、开展"铸剑"行动和"三挖三抢"，这些重大举措都是在铸造我们的高端能力。特别是近年来我们先后启动了"三级一把手"、"两个风火轮"、高端餐饮&夜场中层、"混天绫"渠道营销等决战高端系列人才培养项目和战略中心城市业务发展工作坊，这些培训项目和工作坊更是在铸造和增强我们高端决战的能力、培养高端决战的人才、积聚高端决战的动能。

第四，有精神。相信每一位"雪花人"都深深知道"每一个人都不简单，每一瓶酒才放光彩"的雪花精神，这是我们企业文化重塑项目的重大成果，帮助我们将雪花啤酒铸造成为一个有精神的团队、有文化的公司。

第五，有业绩。我们用三年的发展实现了雪花啤酒市值翻番、利润翻番，业绩显著、成绩斐然。

（摘自《新年第一课（2021）》）

决战高端，雪花在路上

2020年是华润雪花啤酒"决战高端，质量发展"的第一年。

通过大规模整合并购"以量取胜"的时代已经过去，决战高端对于中国本土啤酒企业和品牌而言，是唯一的出路，然而这条路走得并不轻松。据啤酒行业统计数据，全国中高档啤酒销售占啤酒总销售的15%，但其贡献利润却占总利润的60%。

在整个行业格局里，这几年也发生了一些变化，具体表现在：第一，行业企业分化，向头部聚集。T5啤酒企业集中度高达85%，大品牌越来越多，小品牌越来越少。在越来越集中的情况下，行业的企业也开始分化，这五年和未来五年是企业排位、竞争能力、行业地位的一个大变局阶段，有的企业会越来越强，有的企业会越来越弱，有的企业会快速排位行业前列，有的企业会黯然离开战场。所以对雪花而言，必须抓住头部企业的优势迅速发展。第二，啤酒行业这几年已形成四个共识，即高档化、产能效率提升、价格提升、利润增长。第三，近几年啤酒企业变革的能力、动力、效果不错，行业恶性竞争慢慢减退，大家都在往前跑，往好日子奔，这为推动行业的健康发展提供了很大动力。

从这个意义上讲，中国的啤酒业竞争已经走向了全球化竞争阶段。

2017年伊始，华润雪花啤酒利润飞速增长，但到2019年时年盈利仍只有另一外资品牌在中国的一半，该品牌的盈利主要来自高档酒，其高档酒销量是"雪花"的两倍多。这个差距很大。

华润雪花啤酒总经理侯孝海在接受采访时明确表示:"如今,正是战略执行的第二阶段,最核心的任务就是坚持高端化发展。"

[延伸阅读]

疫情中的华润雪花啤酒

2020年新冠疫情突然暴发，疫情来了，华润雪花啤酒很早就提出要变危机为机遇，要做行业的逆行者。

"雪花"一边积极支援湖北等疫情重灾区，捐赠1600万元用于全国各地疫情防控，组织员工就近开展志愿服务。除稳定市场供给外，华润雪花啤酒管理团队从2月开始发动全公司进行生产自救、经营自救、市场自救，召开疫情策略研讨会，部署复工复产、抢夺市场，明确提出开展"大会战"，实施"三'抢'三'挖'"战略部署，"挖抢"渠道、客户、人才。雪花啤酒在疫情大会战中销量增长行业第一。在如此艰难的情况下，"雪花"取得了历史中最值得骄傲的成绩，得到行业、对手、管理团队高度评价。疫情期间"雪花"队伍成为"到市场最早、抢得最狠、收获最多"的队伍，反映了雪花啤酒极强的执行力和战斗力。面对挑战，我们把危机当作发展的动力，实现雪花啤酒今年更高、更快、更好的发展。

2020 华润雪花啤酒"抗疫"纪录片

"五点一线"方法论

在雪花20多年发展历程中，外界的质疑不断：刚开始说华润不会做啤酒，后来说华润不会做品牌，再后来又说华润不会做整合，但最后华润雪花做成了全国销量第一，做成了中国最大的啤酒品牌。到了今天又说"雪花"只会做主流酒、中档酒，不会做高端酒；说华润只会做雪花品牌，做不好喜力品牌。

不仅外界怀疑，其实华润自己也心存不少疑虑。2020年伊始，华润雪花啤酒正式提出"五点一线"，这是华润雪花啤酒指导决战高端的方法论，是实现高端销量增长、拿下高端份额的有力武器。这个方法论就是用以解决华润雪花能不能做高档酒、如何做高档酒的问题的。

"五点一线"，指人、产品、客户、制高点、渠道营销。要把这五点做透，还要把这五点一线贯穿。

第一点，如果没有专业的人，能干事的人，就无法解决问题，人才的重要性不言而喻。

第二点，有专业的人，没有好武器也不行。"4+4"的产品组合就是华润雪花啤酒满足消费者、打击对手的有力武器。

第三点，有了能人和利器，但是没有能力强、资源多的大客户或优秀客户，再好的武器也进不去高端的场所，或者进去后也站不住脚。

第四点，制高点是高档消费人群的消费场所，是高档酒销售的主要阵地，是品牌展示和宣传的核心舞台，是决战高端的最终战场，只有抓住制高点这个"牛鼻子"才能抓住一切。

第五点，人、产品、客户齐备了，也能进店了，但没有渠道营销，缺少店内活动、品牌宣传、产品体验，没有产品与消费者的沟通交流，是无法获得良好的消费反馈，也无法建立消费者喜爱的品牌的，即使在制高点也无法站稳脚跟、获取销量。

华润雪花啤酒提出的"五点一线"方法论互为基础、缺一不可，有完整逻辑和先后顺序。首先，人是第一位；其次是产品、客户、制高点、渠道营销，从左到右一线打通，差一个环节都无法完成最后的销售。如果人不行，那就谈不上做事了；如果产品不行，人再有能力，也难以找到好客户，更谈不上进店；如果人和产品都有了，但客户不行，那么不仅难以进高端店，即使进去了也占领不了制高点；如果人、产品、客户都打通了但没有抓住制高点，没有揪住"牛鼻子"，那也是水中捞月。但进了制高点，就能动销了吗？答案是否定的。没有品牌活动，没有精准营销，没有做消费体验，谁会消费呢？这就需要渠道营销。所以打穿"五点"成"一线"，就是打通了"雪花"高端产品到消费者的通道，打破了"雪花"做高端的层层障碍。

携手喜力，打造中国品牌群+国际品牌群

近几年来，中国啤酒波澜骤起，国产啤酒面临进口啤酒形成的品牌压制之势，在品牌的提升速率上，没有完全跟上市场需求和人们消费理念升级的步调；在高端产品领域，受限于品牌力缺失，缺乏足够强势的表现，导致原来相对稳固的行业格局出现新变数。因此，啤酒行业的觉醒与崛起，必须对品牌提升这个命题发起终极挑战。

在这场仍在持续升级的产业风暴中，华润雪花与喜力开展战略合作，如总经理侯孝海在他"最后一战"的论断中表示，要通过完成品牌制胜的目标，占领"有利的制高点"。

2018年11月5日，在时任华润集团董事长傅育宁、副总经理陈朗的亲自领导下，经过一年的艰苦谈判，华润雪花与喜力集团签订股份购买主协议。通过该协议，华润雪花斥资约23.55亿元港币购得喜力集团在中国成立的六家公司全部股权以及喜力香港有限公司的全部已发行股本。同时，双方还签订了关于在独占地域内独占使用Heineken品牌的商标许可协议和长期战略合作关系的框架协议。华润收购喜力在华公司事件，让已沉寂多年的啤酒资本市场，再度沸腾起来。

此次华润雪花与喜力所组建的战略联盟，不同于之前华润雪花跑马圈地式的并购整合，除了直接拿下市场份额，更重要的是在两者品牌之间产生化学反应，为华润雪花带来内涵式提升，而这种提升，在华润雪花接下来的规划路径上，是非常必要的。

通过此次合作，在国内市场，华润雪花旗下品牌将与喜力旗下品牌形

成互补的高端品牌组合，为中国消费者提供多元化的产品；华润雪花也将充分发挥销售渠道优势，释放喜力品牌在中国市场的潜力。同时，在海外市场，华润雪花通过喜力集团的高端品牌优势和华润雪花在中国市场的领导地位，以及中国迅速增长的高端啤酒市场机遇，获得一个提升潜在价值的机会，利用喜力在全球市场广泛的渠道，参与国际啤酒市场竞争，推广华润雪花品牌，实现全球领先的运营能力和效率，达到国际领先的运营水平，期望成为全球市场中具有代表性的中国啤酒品牌。

2019年4月30日，雪花正式接手喜力中国全部业务。2019年7月，喜力开始在26个省交叉销售，喜力中国无论是业务还是人员，都处在与雪花的融合之中。2020年5月，喜力星银正式在中国上市。2021年3月，喜力旗下红爵正式在中国上市。

目前，华润雪花啤酒和喜力啤酒在中国构建的"中国品牌＋国际品牌"的组合群（"4+4"）正式形成。中国品牌的"4"（四大金刚）是：脸谱、匠心营造、马尔斯绿、勇闯天涯superX，国际品牌的"4"（四大天王）是：喜力、虎牌、苏尔、红爵。华润雪花啤酒总经理侯孝海接受采访时表示："我们认为中国高端啤酒消费未来一定是一个组合，我们的消费者不会说只喝国际品牌或者说只喝国产品牌，未来中国高端啤酒市场的消费组合一定是"国内＋国际"的组合，这是我们的基本判断。"

在《高端策论25条》里，第一条就是"做大1+1，做好4+4"。"做大1+1"是华润雪花啤酒的生命线，是决战高端的基础。首先做大勇闯天涯，建立中档的优势份额，对此很多市场需要继续努力，不能重"4+4"轻"1+1"，应把"1+1"放在"4+4"前面，"1+1"做不好何谈"4+4"。其次做大雪花纯生，建立普高的纯生大单品地位，这是纯生的主要历史定位和使命。

"做好4+4",说的就是"中国品牌+国际品牌"的组合,这是目前对手没有的。大国崛起,国潮涌动,没有中国品牌做高端肯定不行;对外开放,大国责任,没有国际品牌也是不现实的。除了"四大金刚"外,我们还有勇闯天涯和雪花纯生,从高档酒方面讲还要持续做大雪花纯生,再往上还有"拉维邦黑啤""黑狮白啤""老雪"这三支"轻骑兵",它们属于个性化产品,虽然不是主力军,但是在独特的市场里有大舞台、大发展。

"四大金刚"和"四大天王"都是代表未来发展趋势的。"四大金刚"年轻、新潮,高颜值,中国风,适合中国的国潮。"四大天王"品质高、形象好,欧洲范,国际味足。"中国+国际"的品牌组合是我们战胜对手的重要法宝,能够支持华润雪花决战高端。

如今,这些细分品牌都在各自领域取得了不错的反响。比如,国内品牌"勇闯天涯superX"主打挑战、炫酷的概念,利用潮流及街舞元素圈粉无数。比如,华润雪花啤酒于2020年第二季度推出的喜力星银啤酒,在餐厅、音乐节、体育比赛等消费场景中均受到年轻人喜爱。

国际品牌群

[延伸阅读]

喜力星银上市

喜力啤酒一直保持着"国际化、开放、创新"的品牌形象，坚持为消费者提供完美的高端品牌体验。新推出的喜力®星银，秉承喜力啤酒一百多年来的高端品质和全麦风味，用独特的喜力®A-酵母和纯天然原料，卧罐慢酿，原麦汁浓度9.5度，酒精度4%，口味顺滑爽口，让追求时尚和品质生活的年轻消费者，在聚会、佐餐时有更多的选择。

外包装方面，绿底、银光、红星，这些喜力经典标志依旧，但是"银"色调和红"星"标志更醒目，经典元素与时尚配搭的碰撞，让喜力®星银极具动感和现代感。中国年轻消费群体正在强势崛起，他们追求个性少有盲从，喜欢时尚拒绝平庸。喜力®星银的上市给年轻消费者提供了更多可能，为生活营造轻松欢乐的氛围。从内在到颜值，从品质到品味，喜力®星银都能满足时尚年轻人的需求。

中国是喜力®星银全球上市的第二个国家。2020年5月15日，上海诺莱仕游艇会码头，一场隆重而又别开生面的"Heineken Silver 喜力®星银"新品发布会在这里举行。会场氛围与品牌格调高度融合，充溢其中的科幻感和高级感，彰显出年轻人的活力和他们对啤酒的热爱。目之所及，炫酷的时尚空间宛如一个现代艺术品。来宾只有在完成喜力星银身份识别之后，才能进入到这个精心设计的喜力®星银空间。

  这是喜力®星银上市后举行的首场新品发布会，全国其他各大城市的客户活动随后持续跟进，共同助力华润雪花的高端化战略迈出实质性的一步。

站在历史正确的一边

2020 年,是华润雪花啤酒"3+3+3"战略中第二个"三年战略计划""决战高端、质量发展"中的第一年。因新冠疫情的影响,全年华润雪花啤酒整体销量 1117 万千升,较 2019 年下降 2.9%,表现优于行业平均水平;净利润为 20.94 亿元,同比上涨 59.6%;其中次高档及以上啤酒销量达 146 万千升,较 2019 年增长 11.1%,产品结构进一步提升。距离 2020 年至 2022 年"市值翻番、利润翻番、人均收入翻番"目标更进一步。

"站在历史正确的一边"是总经理侯孝海在 2020 年全国渠道伙伴大会上的发言主题。发言从行业新发展、雪花大战略、疫情勇逆行、决战加速度、雪花正当势五个方面让全体雪花人和合作伙伴感受到"雪花"正在做正确的事情,站在了历史正确的一边。

华润雪花啤酒的底气来自何处?2020 年雪花人付出了巨大的努力和心血。员工都会说 2020 年做了什么事,开发了多少客户,拿下了多少店;蓝瓶、纯生、马尔斯绿卖得怎么样,每个人都有想法,斗志昂扬,充满了"决战高端我最行"的精神。这种精神就来源于企业创造的一种动能态势。啤酒行业的势和能已经转到"雪花"上,使得整个"雪花"队伍有信心能够在市场上打败对手。

行业的势能在向"雪花"加速积聚,趋势站在了"雪花"的一边。行业发展的大趋势也如逆水行舟,不进则退。如果"雪花"的战略和业务处于大势的风口上,就会乘势向上,而这股势能正悄悄地站在"雪花"这边。第一,"雪花"经营结果持续向好,成高质量发展之大势。"雪花"近 3

华润雪花啤酒 2020 年渠道伙伴大会

年的经营业绩已创历史纪录，每年都有较高比例的增长，而且未来增长可能还会加速，这就是势能在增加的体现。第二，"雪花"中高档酒持续增长，呈高端决战加速之大势。在中高档细分的销量上"雪花"的增长较好，人效比例也比其他企业高，同时组织文化的落地也在持续为"雪花"积蓄力量。第三，营销的理念。"雪花"的理念与方法（新营销发展理念、五点一线、两论）已经形成，加上强大的品牌组合群（做大"1+1"，做好"4+4"），将驱动"雪花"战略的发展和落地。渠道客户赋能、大客户管理模式、铸剑行动基本已成常态，也促成了"雪花"渠道方面更上一个层次。可能会有人说"雪花"为何这么喜欢搞理论？因为"雪花"自始至终都秉承一句话，即"理论要从业务中来，也要到业务中去"。"雪花"的理论是基于自己的队伍、自己的经验、自己的问题和自己的梦想总结提炼出来的，"雪花"的理论没有秘密可言，但有人可能会看不懂。就像每个武林高手都有自己的"武功秘籍"一样，武功和人是一体的，离开了人就什么也不是。第五，高端落地能力加速，"雪花"整体的动能发展起来了。

高端化、提价格、产能优化、效益提升、市值创新高、品类多元化在行业中已有共识。TOP5 分化，啤酒行业的头部企业逐步显现。2020 年以来，啤酒行业其他企业都出现了一些问题，有的应对疫情导致的市场变化反应迟缓，势能在衰减；有的组织动荡、人才流失、文化分散、滋生腐败、战斗力弱；有的策略不统一；有的价格混乱，渠道利益减少，渠道、终端、品牌竞争力下降；有的主力品牌老化，新品牌推出时间短、投资少、形象难以建立。但此时，"雪花"清醒地认识到，主要竞争对手依然在高档、大客户、夜场、国际品牌群占有优势。

华润雪花啤酒认为自身站在了历史正确的一边，仍然不忘初心继续奋斗，勇立大趋势的潮头，积聚更大更多的发展动能，达成压倒性或决定性的竞争优势，促成势能的量变到质变，奠定"决战高端、质量发展"的胜利。

雪花新时代的重大战略举措是一场攻坚战，组织再造、品牌重塑、产能优化、企业文化重塑、信息化升级，以及渠道二次改造、精益销售、营运变革、玻瓶管理等项目，都是推动华润雪花由大到强的重要措施。站在中国啤酒的历史性拐点上，雪花与喜力的联合，意味着华润雪花从追求规模到追求质量的转变，为华润雪花在强强交锋中奠定了决胜的基础，以此大面积赢得高端啤酒的市场份额。

　　经历了 4 年多的新时代改革，华润雪花啤酒的经营初见成效。2020 年度营业收入达到 334 亿元，同比 2016 年增长 16.4%，净利润 20.94 亿元，同比 2016 年增长 233%；总销量为 1117 万千升，占有中国啤酒市场约 30% 份额，同时，次高档及以上啤酒销量达 146 万千升，产品结构显著提升。经过持续的组织再造和产能优化等"瘦身"工程，截至 2020 年末，员工总数从近 5 万人减少为 2.6 万余人，工厂从 98 家减少为 66 家，关闭工厂和人员优化短期虽带来减值，长远看每年可节约上亿的费用，产能利用率提高到 60%；华润啤酒股价从 2016 年末的 15.4 港元，到 2021 年年中涨到 71.3 港元，公司市值 2313 亿港元，股东价值翻两番。

下篇

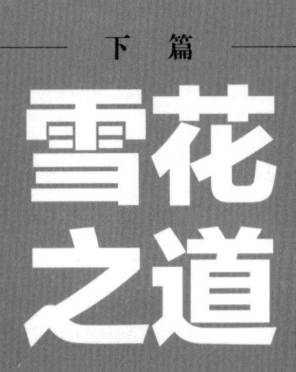

雪花之道

BRIEF HISTORY OF
SNOW BREWERIES

一脚踏入啤酒江湖，从不会酿酒、不会卖酒，到坚定在中国做啤酒的信心。

华润雪花啤酒用坚实的脚步，走出了"蘑菇战略"、沿江沿海的步伐，迈上全国销量第一，雪花单品销量全球第一的台阶。

在过去的近三十年里，华润雪花啤酒走过的每一步，都是自身实践摸索的每一步。在本书的这个章节，我们把在华润雪花啤酒发展历程中的重要理念、实践和大家分享，其中包括战略、目标、品牌、营销、团队等。

孩子的名字是品牌

老皮家生了三胞胎，长得一模一样，老大刚出世，大家因为高兴，忘了取名字，叫老大；老二再出世，都抢着取名字，这老二有五个都很漂亮的名字，可很难记住用哪个；老三再出世，只取了一个名字，叫皮震天。

二十年后，皮震天已是乡里的头面人物，老大、老二却没人知晓。老皮家老爷子着急，问道怎么一样的孩子，皮震天这么有运气，老大、老二不行呢？乡里有位杂货铺的东家说，唉，这还不明白吗？孩子的名字是品牌啊！没有个清清楚楚、明明白白、响响亮亮的名字，你让孩子咋做人嘛！

由此谈到啤酒的品牌问题，我认为：

1. 品牌不是一般促销的口号（虽然大喊大叫也可以卖货），而是生活方式、群体态度、情感及信任的载体。"You buy things from the company you like."（每个人买东西都会选自己喜欢的公司。）。因此说，全国统一的品牌能清晰完整地表达企业。

2. 统一品牌可以在很大程度上统一内部的管理，体现核心价值。全国性的品牌其实是全国性啤酒企业成功的基本条件，所有成功啤酒企业都是基于品牌。地方品牌的组合不需要全国性公司。

3. 中国的消费文化（麦当劳、肯德基、可乐、迪士尼的例子表明）最终会形成大市场、大品牌。全国品牌是不可避免的，优秀企业应尽快跳出价格战，形成全国品牌优势。

4. 啤酒企业的价值应该更多地体现在品牌上，而不只是机器设备上，特别是长远价值：大麦消耗了，没有了；水电消耗了，没有了；而推广费花掉了，却会形成比它的费用更高的价值。

5．集团统一指挥，利用全国电视媒体，有规模，减成本，是成本最低的品牌营销。

华润啤酒做全国品牌有以下三种路径可供选择：

1．"One-shot"，突发的、一夜之间全国所有工厂生产一个牌子的啤酒，这样品牌突出，价值高，但风险很大。

2．"Co-exist"，要分步骤、有比例地进行全国性品牌建立。这样风险小，品牌不太突出，操作有矛盾，易受消费者及市场影响。

3．"Gradual"，逐步发展，成熟一个，推广一个。这种方式的特点就是慢，易变，最终不一定能形成全国性品牌，品牌不鲜明、不突出，但可维持目前状况。选择哪种方式建立全国品牌，要根据我们准备的程度，在目前消费者忠诚度不高的情况下，调整品牌组合还是可以有足够时间的。

华润啤酒具备建立全国性品牌所需的条件：

1．所在大部分区域都在硬件和管理上有条件生产"Local Premium"（当地领先）质量的统一品牌的啤酒，我们既可以统一品牌，又可在本地生产。

2．有统一推广的资源，可以形成巨大的宣传及逼近态势，引导消费，带起潮流。

3．不因为小事来干扰我们建立全国品牌的进程，要成立专门组织，将建立全国性品牌作为考核的指标。

宁高宁（时任华润集团总经理）2002年2月
载于《创业论语（精华合订本）》

二十六只猫和一只虎

大山很美，山里来了一只狼，狼饿了，找食吃，见到一群猫。数了数，有二十六只。这么多猫，把狼吓了一跳。可狼实在饿了，就壮着胆子向一只猫下了手，结果猫被吃了。猫虽然挣扎，但没有用，其他猫也没有给予帮助。狼很得意，于是每天吃一只猫，二十六天，一连吃了二十六只猫。狼长得又肥又大，很骄傲。

狼吃完了猫，又四处寻食，走了很远，正当饿极时，又看到一只大猫，这下很高兴了，心想虽然这次只有一只，可是看起来大，可以吃饱，冲上去就咬，结果这只猫不但气力大，还凶猛，反过来就把狼打倒在地，把狼吃了。狼被吃了也不知道，这只貌似猫的东西原来不是猫，大猫非猫，猫大了，变成了老虎。一只大老虎的力量大过二十六只猫。

这个故事不是童话，是真事，发生过。在我们周围也有一个类似的故事，正在发生，很相似。这二十六只猫就是我们今天的二十六家啤酒厂，那只大老虎则是我们未来的啤酒集团。狼，可能有很多狼，是我们的竞争对手，如果我们不变成老虎，就会被狼吃掉。

如何把二十六只（可能还更多）小猫变成一只大老虎呢？

还有很多可以分析的地方。这些方法可能不完全与现实吻合，但是它提供的启示和思考是很有用的。实际上，动物界的竞争和人类间的竞争是一样的，要不怎么有社会达尔文主义呢？

寻求科学的管理方法，来实现统一运作的规模效应。我们能让一群猫变成大老虎吗？这不是游戏，是生存的残酷现实。

宁高宁（时任华润集团总经理）2002 年 2 月
载于《创业论语（精华合订本）》

车子如何跑得快

增长其实就是生存问题。资本市场特别势利，你如果跑得慢了（更别提停了），它连油都不卖给你。所以，阎总把增长和危机放在一起，是很严肃的话题。

车子（假如是后轮驱动），前轮管方向，后轮管驱动。开车的司机，是手脚并用，保证车子按理想的方向，以理想的速度安全前进。

CREB（华润啤酒）就是一部参加越野赛的车子。不同的是，开车的是一帮人，上有董事会，下有管理层。公司的发展战略是前轮，经营管理是后轮，缺一不可。增长的问题，是由前轮和后轮一起决定的。

前、后轮都存在问题。

发展战略不太明确。既然决定了参加越野赛，路途之险恶已在意料之中，但我们还缺乏点冲锋的精神，缺乏点冒风险的精神。CREB所处的行业，竞争格局变化极快，这是中国经济发展的大环境决定的。昨天看着无人问津的工厂，今天突然冒出一堆有钱没处花的"大款"手举支票哭着喊着抢着要买。今天你看它血已流尽、落荒而逃，明天突然全副武装张牙舞爪地又杀了回来。形势变化快，就更要下决心去抓机会。CREB追求规模绝非因为好大喜功，没有规模就无法生存，没有规模哪里来的低成本？没有规模也出不了好品牌。

前轮的问题咱们说了不算数（所以说起来也就很大胆、不大负责任），后轮的问题不管说了算不算数，但责任却在咱们身上。后轮好像比前轮更重要。好比那车的型号，上来就告诉你"V"还是"A"，"2.8"还是"3.0"，说的全是发动机。没见过给你一组数字告诉你前轮是啥样的。

有了规模不一定就能解决"增长"的问题，还可能带来负增长。后轮的关键是追求"经营有效性"，追求效率、质量和速度，追求技能的提高和管理经验的积累，追求成本的下降，追求比对手技高一筹。要求管理层积极思考、勇于创新、及时总结和交流。这种种"要求"，目前还处于一种"自然状态"，显然大大落后于竞争形势的要求。要制度化。

前轮、后轮的问题都解决后，也不一定就能跑得快。因为机会错过了，崎岖的山道上已然车满为患。那时候我们就得重新检讨战略，把 CREB 改成 CRECOM 什么的……

王群（时任华润啤酒总经理）2001 年 2 月
载于《创业论语》第 31 期

我们的队伍向太阳

10月22日，坐黄力的车去新都。收购蓝剑啤酒62%的股份，有12个厂要盘点，交接资产。新都工厂是双方商定的第一个盘点、交接试验厂，所以我们从全国（除黑龙江）抽调的50—60人，都集中于此。现场盘点刚做完，全体人员正在休整和整理资料。黄力拉我去做一次"看望"。

我知道现场盘点的辛苦，这次无暇亲临现场，只好奉献点"精神鼓励"了。我对一屋子的精兵强将说：我本人亲自参加过3次华润啤酒收购工厂的盘点。最辛苦的一次，也是第一次，是大连厂。当时人也少，手也生，一天、两天，满院子乱跑，见东西就点，腿也木了，脑袋也大了。最后，有一件东西没点着，是麦芽车间的一个排风扇。临结束，时任大连厂麦芽车间主任的老谢跑过来，说那排风扇找到了，在一个夹层里，请我们去看一下。我对其他人说，你们去吧，兄弟我实在没劲了，就坐这儿等你们。而损失最惨重的是沈阳酿酒厂那一次。5月天，又刚下过雨，凉飕飕的。在厂里转来转去怎么鞋子里全是水呀？抬脚一看，鞋底鞋帮已经闹了分裂，多年跟随我东奔西窜的鞋报废了。

接着说。别看盘点工作辛苦又枯燥，但意义重大。第一，我们是受股东的委托来工作，要给股东一个交代，资产要点清楚，资产状况要点明白，不能让股东的钱在我们的手上有损失；第二，今天盘点的资产是我们今后经营这个厂的基础，资产不实，状况不清，会严重影响今后的工作，影响我们做出正确的决策；第三，每次盘点，是华润啤酒和我们的合作者、新厂员工的第二次"见面"（第一次应该算是谈判）。在盘点过程中，我们华润啤酒的员工，所表现出来的专业、公正、一丝不苟的精神代表了华润啤酒的管理作风。每次盘点，我都会听到当地员工对我们的评价，他们经常说，我们从来没有像华润啤酒那样那么认真地管理资产。

都说要想当骗子，最关键的是先把自己骗了（千万记住：这句是说笑话）。我被自己说得都激动了，脑袋一热，就想说"今后，咱们华润啤酒，谁想当总经理，先看他参没参加过盘点，没搞过盘点的，不许当"。话到嘴边，觉得似乎有点不大妥。最后一句改口成："没搞过盘点的扣分。"仍然是一片热烈的掌声，从掌声里听得出来，在座的想当总经理的还真不少。

其实，最让我激动的是刚进门的时候。这一屋子人，别说叫名字，90%以上实际是"未曾谋面"，但我也见到了熟悉的面孔，也许一两年前，也许三五年前，这些人是我们的"对立面"。他们是另一方的代表，和华润啤酒的人，一起手举资产清单，在清点那属于他们正在供职的企业的资产。然而，是什么力量，让这些人不但继承而且发扬了华润啤酒的管理作风，又不断提高和完善了我们的工作流程和技能？虽然每次都是临时调集，但每次都像一支长期合作的专业队伍。不止眼前这支盘点的队伍，我们华润啤酒近100名高层管理人员来自3个方面：39%，原来工厂时的高层；25%，原工厂的员工，加入华润啤酒后培养和提拔的；36%，用我的话说，是大街上"捡的"（比较准确的说法叫"社会招聘"）。39%+25%+36%，是100%。没有从股东公司派出一个管理人员，华润啤酒从一家工厂发展到20多家，销量从20万吨发展到200万吨。股东胆子够大的！是什么力量让这些人走到了一起，忘我地工作，虽辛苦万般，却对未来充满了信心？想不明白，但晚饭要吃。

在酒楼摆了八大桌。入席时好几个人冲着我做诡秘微笑状，说："原来今晚安排在职工食堂吃饭，你一来……"看样子今天的"看望"成本不低。到此我仍很高兴，唯一令我不满的，是我拉着黄力挨桌敬酒，这家伙时不时故意拉着个熟人在一边嘀咕什么，比我少喝了好几杯！

王群（时任华润啤酒总经理）2001 年 11 月

载于《华润啤酒》2001 年 11 月 20 日

愿此风不随此物去

姜宇又来约稿了。这次没有"烦",因为知道他今后不会再来"烦"了。最早得知姜宇要调来华润啤酒,后来又得知公司选定了姜宇的接班人,突然又听说干脆要人去楼也空了。

姜宇要搬家了。想想这个穷而值万贯的家,应该留下点什么来永远跟着我们搬来搬去,四处"流窜"。华润啤酒差不多是和《创业论语》一起长大的。就像我们当初给《创业论语》投稿,经常是满嘴的"胡说八道",还不离儿拿同事开玩笑一样,我们的市场操作也充满了幼稚的奇想。想起创刊那一年,华润啤酒的管理层和董事会有过一场激烈而有意义的争论。留给我们的,应该不仅仅是一个回忆。

故事发生在1998年。大连的管理层在董事会上报告,计划推出"黑狮"精制酒,遭董事会劈头盖脸一顿臭骂。董事会里,除专业人士就是权威人士,任你如何解释,还是全盘否定。

会后,8月7日,SAB(南非啤酒)派驻中国之专业人士Krige先生,给管理层写了一封信,虽在"战术"上给予支持,但在"战略"上仍持否定,且担心"此品牌最终将导致失败"。

8月10日,管理层向董事会正式提交可行性报告,希望再次说服董事会。

关于投产精制黑狮啤酒的请示

黄总及博魁士先生：

根据目前市场需要，我公司申请投产精制黑狮啤酒，并已于此前进行了相应的前期准备工作，特请示董事会予以批准。

后附"精制黑狮啤酒上市可行性研究"报告一份。

大连华润啤酒有限公司
1998 年 8 月 10 日

8 月 12 日，时任华润啤酒执行董事的博魁士先生在收到报告后给另一位执行董事黄铁鹰先生写了一封信：

Yellow,

看来我们没有选择了，同时我认为这是个错误的办法。我们可能会失败。原因：这要花费不少包装和广告费用。我们可以试试。但为了将来的工作，我们应行文对此类工作做规定。Krige 可提供帮助。

两位"专家"在"战术"上的让步，仍没有说服黄铁鹰先生。他于 8 月 20 日，写给管理层一封信，洋洋洒洒列出十大"罪状"。全文如下：

关于是否在大连推出白瓶黑狮的争论，对我们中国的啤酒和饮料生意至为重要。

我完全同意 J. Krige 8 月 7 日给 Chris 的传真中的观点，特别是他提到这正说明我们 CREB（华润啤酒）没有一个明确的品牌战略。这点非常对！

我建议让我们来一个大争论，从这个问题入手，把 CREB 的品牌战略逐渐建立起来。

我为什么不支持推白瓶黑狮，原因如下：

1. 对中国 5% 高档啤酒的消费量，近些年来所有进入中国的啤酒商都在对此进行白热化的竞争。事实已告诉我们，高档啤酒已不赚钱，正因为如此近一两年来，外商亦开始推出中低档啤酒。

2. 外商是不是用高档品牌建形象，为普通酒入市铺路？不对，几乎所有外商所推的中低档啤酒同高档的都不是一个品牌。

3. 难道非要用推出高档高价位的同一品牌，才能树立起消费者对这个牌子的高质量和高形象的认可吗？否！×××质量问题照样砸你的牌子，挂羊头卖狗肉只会昙花一现。这个金牌，那个皇牌，至今没看到救了哪个企业！

4. 谁是我们生意的脊梁，是 95% 花自己的钱的中国消费者，中国已经进入理性消费阶段。因此，我们的生产、营销所有工作的重点和资源应多花在维护这条脊梁上。

5. 如果说推白瓶黑狮这个牌子可以利用现有精制酒队伍和网络，不用赔钱（把所赚的钱都花在推广上），就可把这个牌子推出来，这不等于给黑狮做了免费广告，为何不做？原因在于机会成本，目前我们管理层的时间与精力是在我们所掌握的资源中最值钱的资源上。在财务账上看，推出白瓶黑狮好像不亏不赚地作了广告，但实际，我们管理层也可以把同样的时间、精力和资金全花在做好普通黑狮或凯龙上，也可以打个平手。但结果则是普通黑狮和凯龙的消费者得到了更多。从而不仅可直接强化了这两个牌子，也可增加销量。

6. 中国高档酒的高利润实在诱人，一吨等于好几吨普通酒，多做多赚钱？否！我认为如果厂家哪怕把这个账仔细算一算，就会发现高档酒比普通酒多赚的几倍毛利，最终都花在广告、折扣和给饭店买冰箱这种促销活动上。高档酒，眼花缭乱，你唱罢来，我再唱。最终真正受惠的则是饭店，厂家则只剩个热闹和一个不受消费者忠诚的牌子。

7. 中国消费者"不忠诚"，因此一个牌子很难吃到老。错！中国消费者同全世界消费者没有任何区别，都希望产品价低、质高又体面。中国消费者"不忠诚"关键在于过去十几年中国厂家实在没有给中国消费者更多值得忠诚的产品。一个××啤酒几年来做了这么多次不慎重的变化（还不算出了多少次质量问题）；一个××，刚面市就产生质量问题，这是我们自己的真实故事。别人的故事，我相信一定不比我们少，这样的产品你叫我怎么忠诚？

8. 用不断推出新牌子来企图占领市场，是小聪明。一个品牌从原料采购到生产和分销，最终到消费者手里靠的是一个系统。这个系统没有根本的改变，靠一时新奇而扩大的市场份额，必然是昙花一现，作为一个中国啤酒饮料的领导者，我们应跳出这个怪圈。

9. 在过去两年的大连市场较量中，我们处于上风，其根本原因是张量、张书中、小程、老程、穆宏等这个班子素质和这个班子管理的系统大大优于对手的体制所致，没有这系统，任何凯龙和黑狮均不可能成功。

10. 如果说单是为了对抗竞争者，完全可以用别的名字。将来如对手又推冰啤、干啤、暖啤、苹果啤，我们也可再起名字，而不至于为了这些花哨的东西，把脊梁断了。

基于上述十点原因和我认为华创啤酒应采取的品牌策略——全国品牌

（××、××），地区品牌（××、××、××、××），我不支持推白瓶黑狮。

以上是我个人意见，欢迎来函来电讨论！

黄铁鹰
1998 年 8 月 20 日

结论很明确，而且还在"欢迎来函来电讨论"后加上个惊叹号，极度彰显黄铁鹰先生之个性。讨论乎？打架乎？

管理层收到黄总传真后，部分人垂头丧气，"完了，被黄总'枪毙'了"。部分人贼心不死。管理层马上起草了"关于黄总'枪毙'白瓶酒十大原因的不同意见"，以图一搏。

关于黄总枪毙白瓶酒十大原因的不同意见

说 CREB 没有明确的品牌战略，对讨论黑狮问题没有意义。因为：

第一，目前我们各厂执行的所谓战略，都是一个品牌，既有普通酒又有精制酒，有的还有中档酒。关键是这个战略未被一致认可，尤其不被 SAB 认可，刘洪基似乎也不认可（注：华润员工认识刘洪基其人多在他任怡宝总经理之后。但因历史的原因，他加入华润啤酒在前，华润啤酒进入大连后，就参与了华润啤酒的许多市场策划）。从凯龙起，这个争论就没有停。但没人争论过雪花。

第二，在没有"一致认可"的品牌战略的条件下，我们怎么办？凭黄总的十条意见，还形成不了"战略"。也没有人知道这个"战略"由谁来做。同时，我们还拿不出一个品牌不同价位的酒谁扯了谁的后腿的证据来。

在没有定论的条件下，我们更愿意把黑狮问题视为一个战术问题。

对黄总十条意见的回应

1. 高档啤酒不赚钱，是推销费用上升造成的。普通酒也面临同样的问题。有这么多的啤酒厂存在，有远远高于消费能力的生产能力存在，增加推销费用，降低销售价格，是竞争的必然，谁也回避不了。××的情况已很明显，今年的价格比去年下降许多，几家大厂的价格都做不上来，普通酒也不赚钱。问题是：高档酒这一细分是否会继续存在？或还会持续多久？我们有无必要去占？以及如何做才赚钱？

2. 以高档酒打品牌形象的情况不但有，而且有成功的例子。如×××在××。推中低档时就一定换牌子也不尽然，据报道××在南京就正在着力"从酒楼走入百姓家"，用的是买几送几的路子。××的势头好于××，但其"中档"只体现在出厂和批发环节，在酒店仍卖8—10元。问题不是出在"战略"上，背靠世界顶级市调公司的例子在中国也是失败的战略多过成功的。也不在于我们是否固守老一套，是否承认外国的经验早晚要在中国成功。问题在于我们还没有吃透中国的市场，在于中国的发展水平要什么时候赶上外国，在于中国人的消费习惯与外国人的区别到底在哪里？不解决这些问题，套用外国的经验还是要走弯路。

3. 对啤酒而言，高质量是一切品牌战略的基础，我们没有放弃提高质量的努力。因为我们的稳定性不理想，就只做普通酒？普通酒也不稳定，我们就关起门来练兵？我们没有解决上头问题就不卖酒了？×××去年夏季的质量问题，确认的是几个批次设备出了问题，不确认的是原料问题。

问题有两个，一是竞争对手的稳定性全高于我们吗？二是××是公认的最稳定的品牌为什么今年在大连也同样下滑，表现并不比×××好多少？

不容否定，精制酒市场的消费习惯，还有一个"奇异性"的问题。黑狮的初衷就是从"奇异性"出发的。比较了各种方案，只有白瓶风险最小，而成功的机会又比较大。说到"奇异性"，最成功的是××，不管××是被迫的还是主动的，但××很成功，从报表上可以看出，从经销商的推销积极性上，从定价的空间上都可以看出。除质量、形象，还有一个"奇异性"。

4. 推销精制酒，与在普通酒上多下功夫并不矛盾。精制酒的费用是从销售上得来的。如果说主管人员的精力不够，那是人力资源不足的问题，不应和这个细分是否值得做混在一起。我们并没有减少普通酒的投入而去推销精制酒。普通酒上功夫不够是觉悟问题而非资源分配问题。

5. 精制酒的推广费用很高，但只要不赔钱，我们花在促销上的费用就是值得的，即便只赚一个热闹。抢占对手的份额，在目前的竞争形势下也是值得的。精制酒如何推销，是否只是花大钱的事？这条路还没有走到尽头。在不赔钱的条件下，仍值得我们继续一试。哪怕三五年后精制酒的市场不复存在，目前放弃也为时过早。

6. 品牌忠诚度，目前实在无法单凭一个质量因素来解释，我们又要举××在大连的例子。而且，只从这一个角度看问题，就忽视了精制酒细分市场的特点，没有抓住消费者在消费精制酒与消费普通酒时追求上的差别。

7. 系统的改造不如我们想象的那般容易。我们承认，进步得很慢。以质量为例，如果我们的稳定性没有达到理想状态，则死守一个×××？系统改造，目前的状况是摸着石头过河，速度可想而知。我们曾一再向×××求援，但经常是"No answer"。在此期间我们便不可因应市场形势有所作为？

8. 此条如果成立，正说明我们有条件去与对手一搏。

9. 啤酒品种和叫法的流行不以我们的意志为转移，我们或超前于他人，或追随他人，均无可厚非。和"脊梁"也没有关系。说到底，这一条还是对一个品牌多个档次不认可。但根据已有的经验，高档酒和普通酒一个有问题不一定影响另一个。×××下滑，但今年×××份额却有所上升；××精制不理想，普通酒却卖得很好。

结论：

1. 退出精制酒细分，结论下得尚早。

2. 在家门口，我们有优势——资源上的。

3. 一个品牌，多个档次，起码目前还行得通，将来即使有变化，我们留哪个档次的都行。

4. 追求"奇异"是精制酒消费的特点之一，这上面有文章可做，不妨捞他一把。

管理层发出了最后一发炮弹，剩下的只有等待了。一直等到9月1日，黄总在管理层的可行性报告上批示："同意。但请记住争论没有结束。让我们做一次试验。"虽然没有了惊叹号，但"记住"两字仍咄咄逼人。

之后，还有一个回合。

黄总：

按您的指示，精制黑狮的财务分析部分已完成。尽量做到准确，现传真给您，请审阅。

小穆：

谢谢你的财务分析，精制黑狮你就放开手做吧！请多吸取经验。在中国做生意需用两个心：

一是细心，二是耐心。

我相信你都有。

Yellow

1998 年 9 月 15 日

后来，精制黑狮就上市了，一直卖到今天，给公司赚了大把的钱。

讲这个故事，不是想说董事会和管理层谁对谁错。也不能以黑狮的成功与否来做对错的标准，市场的事都有个偶然性。黄总和董事会其他人的许多观点，今天看来仍然是对的，管理层的信，字里行间也不乏强词夺理之处。

这个故事，告诉了我们华润啤酒当初成功是坚持了两条原则，一是管理层的"勇于创新、挑战权威"；一是董事会（不论他们多么专业）始终给管理层"留下操作空间"。这两条原则，曾经很成风气。此风一开，所向无敌。

《创业论语》要变成专栏了，但愿此风不随此物去。

王群（时任华润啤酒总经理）2002 年 8 月

载于《创业论语（精华合订本）》

喜读"侯八条"

"侯八条"从第一稿"指引"的出笼,到 2002 年底发展为 2000 多页的"手册",前后也就半年多的时间。不仅代表了小侯和销售发展部工作的可喜进展,更是 CRB(华润啤酒)有意义、有计划地按"专业化、科学化"的要求提升管理力的又一重要标志。

不要以为小侯曾在一所知名的学校受过良好的教育、曾在销售一线长期磨炼、曾在一家国际化的大公司里工作过,就可以轻松地完成"侯八条"。对他来说,啤酒毕竟是个全新的行业,身在总部又天生地与一线之间或多或少存在隔膜,除了那些我们想象的条件之外,如何给自己的工作定位,用什么方法开展工作,也是"侯八条"快速出笼并受到普遍欢迎的必备条件。

小侯的工作成绩,永远不会直接表现在损益表上。你愿意在别人兴高采烈地谈论份额的突破、盈利的上升时,默默工作吗?你愿意在我们这个"没有规矩"的公司里甘当无名英雄吗?看来小侯已经过了这一关。你是身在总部就有权发号令、下指示而不操心一线的执行条件呢?还是把你的主要时间、精力放在和一线的同事共同回顾、总结、检讨、讨论,研究如何把这些看似永远正确的原则变成与工作实践有效结合,把你口中的原则变成一线同事头脑中的原则,并进而变成实施的行动呢?看来小侯选择了后者。我有事找他,已习惯打他的手机,因为他大部分时间不在总部的办公室。

2001 年底,媒体偶然发现了名不见经传的 CRB,并热热闹闹炒作了一番。又一年过去了,至今还是没有人明白 CRB 是如何崛起的。除了老生常谈，偶尔还有一点狐狸望着葡萄的感叹。但我们知道，CRB 九年来的轰轰烈烈和惊心动魄；我们知道，那些说不完的故事和无数的酸甜苦辣。

CRB 不是一个讲故事的公司，CRB 是一个勇于实践的公司。正是九年来，我们把那些说不完的故事和无数的酸甜苦辣不断地变成我们前进的基石；正是九年来 CRB 的队伍里活跃着大批小侯这样的管理人员，我们的事业才能以外人不可理解的速度前进。对于一个居然能把"锁店"细分到了两天、三天、五天的公司来说，"侯八条"怎么不能快速出笼又顺利实施呢？

CRB 的队伍开始成熟了，因为我们能看到更多的不足，并能找到更多的改进方法。CRB 的事业，又要上台阶了，这就是我们需要"侯八条"的原因。2003 年，我们必能迎来更多、更全、更精彩的"侯八条"。

王群（时任华润啤酒总经理）2003 年 2 月
载于《华润啤酒》2003 年 2 月 20 日

华润啤酒为什么成功

华润啤酒走过了近十年的成功发展之路。

十年的历史足以回味——我们为什么成功?

华润集团的改革成为华润啤酒成功的第一个必要条件。拥有近 70 年历史的华润集团,与时俱进、大胆改革,在充分信任的基础上明确授权,使华润啤酒如鱼得水,驰骋江湖。

华润集团明确提出的企业使命"通过坚定不移的改革和发展,把华润建设成在主营行业有竞争力和领导地位的优秀国有控股企业,并实现股东价值和员工价值的最大化",不但为华润所属各个公司指明了发展方向和分目标,而且将"员工价值最大化"纳入了企业使命,极大地激发了华润啤酒全体员工的工作热情。

华润创业过程中的正确领导是华润啤酒成功的第二个必要条件。成功的发展战略托起了华润啤酒,成功的"业绩文化"铸就了华润啤酒。专注于啤酒、专注于成绩,才能不负众望、不断进步。

优秀的团队是华润啤酒成功的第三个必要条件。这支由两万名员工组成的队伍来自五湖四海,却目标一致。"每一个人都不简单,每一瓶酒才放光彩",正是每位员工的"不简单"成就了华润啤酒的今天,才有可能创造明天的辉煌。

十年的华润啤酒,100 期的《华润啤酒》报。伴随着华润啤酒的成长,

《华润啤酒》也在成长,这里记载了历史,也酝酿着未来。

王群(时任华润啤酒总经理)2003 年 2 月
载于《华润啤酒》2003 年 2 月 20 日

跟上 CRB 前进的步伐

公司 2005 年年会的主题是"颠覆思维"。当时在说颠覆的时候，提到三个巨变——"中国在巨变、市场在巨变、啤酒行业也在巨变"。今天在这个会议上，我想要再加上一条——就是 CRB（华润啤酒）也面临着巨变。

在华润集团的统一的安排下，CRB 正在做下一个五年发展战略，虽然刚刚开始，还没有完成，但是从初步情况看，无论从整个市场机会还是我们内部能力，华润雪花啤酒都有条件在未来的五年中取得一个更大的发展。

为什么说跟上 CRB 前进的步伐？面临公司这样的发展形势，我们个人的心态是不是能够适应？我们个人能力是不是能适应？我们的管理模式是不是能适应？现在，我敢肯定的是第三条，目前我们的管理模式还不适应，还有很多衔接、需要沟通的地方存在障碍。

公司从去年 10 月接手江苏狮王以后，到今年 6 月，我们各个层级有很多人员进行了大面积的交流，红区在出人，白区在进人。比较可喜的是，我们所有的业务，在这样大面积的人员轮换条件下，仍然有一个很大的进步。为什么我们要做这样的轮换？原因有两个：其一，这是我们业务扩张的需要；其二，这是每个人业务能力提升的需要。我们之所以做到这一点，是我们的团队成长的一个结果。就这方面我总结了四条：第一条，高层管理人员的业务成熟度在提高，高层管理人员在进入一个新的环境时可以很快地适应这个环境。第二条，公司的管理更加成型，我们不会因为这个业务的一两个主要负责人调到其他地区而影响到业务的继续发展。第三条，在我们当中更多的年轻人在成长。第四条，和我们整个团队学习反思、总结经验的传统和能力有关，当我们这些能力在不断地提升的时候，它就可以支持整个团队的成长。

华润雪花啤酒经过十年的成长，在社会上有不同的评论和评判，最多的就是把华润雪花的发展和资本联系在一起。实际上，所谓的资本对每一个企业来讲都是非常、非常重要的，就像维持一个人的生命需要每天吃饭一样重要。反过来说，这也是一个常识，如果我们每天坐在一起讨论人要不要吃饭，就显得太弱智了。资本怎么来，无非有三种手段：第一个是"抢"，第二个是"骗"，第三个是自己挣出来的。实际上，社会发展到今天，前面两种手段用得越来越少了，主要是你自己表现的怎么样，人家愿不愿给你钱。

我们要自己总结自己，到底华润雪花啤酒这十年为什么走得这么快？我总结了三条：第一条，我们公司有一个正确的布局策略。我们先进入什么地方、后进入什么地方，我们为什么要先进入这些地方，这些都是有想法、有理由的，都是经过认真反思的。第二条，我们有一个正确的进入方式和对收购成本的有效控制。在过去的十年，市场给我们提供了很多机会，通过收购的手段来完成我们的布局，达成我们对扩张成本的控制。在收购过程中发生了很多故事，也有很多我们自己的创造发明。我们在谈判过程中、盘点中的态度和技巧等方方面面都支持着我们有效控制我们的收购成本，到目前为止我们在这方面做得很成功，这个和大家的努力是分不开的。第三条，公司所有的工厂管理和市场管理都在不断地变革，不断地进步。以上这三点是三位一体的，缺一不可的，这三点一起支持了公司快速的发展。

之所以能取得以上的这些成绩，这和我们的管理团队有很大关系。第一，我们这个团队对股东和 CRB 的事业高度负责；第二，我们在不断地反思和总结，而且这个工作一刻也没有停过；第三，三位一体的要素之所以可以存在，离不开整个团队的勤奋；第四，我们不断地在重复着一个故事，这个故事就是"挑战自我、挑战权威"。今年年会我们讲到的"颠覆思维"，提到颠覆自我，实际上我听到了一些声音，大家并不满足于颠覆自我，颠覆自我是手段，我们的目的是要颠覆对手。

这次会议，最重要的目的是动员大家进行反思。所有文件的内容，不论是讲座、模型，还是案例，都可以有争议，但不反思是不可以接受的。陈新华董事长一再要求我们不断地对工作进行反思，是有深刻道理的。反思是一种学习方法。希望 CRB 的各级管理人员，能把反思变成我们的工作习惯；希望 CRB，能把反思变成工作制度。

面对 CRB 下一步的发展目标，在座的各位准备好了吗？还有过去十年的冲锋的心态吗？有决心去克服更大的困难吗？

最后，回到发言的题目上，华润雪花啤酒在不断进步，而且会有更大的进步，因此希望在座的各位不论从心态上、个人工作能力上，还是对整个管理架构的不断改进上，都能够跟上 CRB 发展的步伐，并做出自己的贡献。

谢谢大家！

王群（时任华润雪花啤酒总经理）2005 年 12 月

载于《华润啤酒》2005 年 12 月 5 日

西行杂记

在香港开完会，去深圳、飞太原。车从机场出来，建一问我住哪儿。我反问这机场在啥位置，建一说在太原和榆次中间（其实是指距两地距离差不多）。我说那就去榆次。到了酒店，小孟已在大堂等候，递给我办好的房卡。

中午在工厂食堂吃饭，小孟不知动了哪根筋，老是帮着端菜，菜汤不断流到她手上。我劝她坐回自己的位子："回去当你的领导吧，这活儿好像不是你能做的。"啥活儿都有专业要求，别小看了貌似简单的活儿，别小看了一线的岗位。

午饭后专门找小杨聊天。收购合同正式签字后我们邀请小杨加入 CRB（华润啤酒），电话里问他之前的工资，高得吓我一跳。他已经辞了职，到 CRB 报到了，而我们给人家什么薪资标准还没定下来呢，心里颇有歉疚，虽然小杨一再说没关系。

临行的那顿饭是和建一、宝刚一起吃的。不知为什么，榆次的饭馆都没有暖气，坐在那里是越坐越冷。我乱点"鸳鸯谱"，要了"猫耳朵"。多亏建一有经验，坚持要小碗的。又干又硬，谁也没吃完。都说"老西子"抠门儿，可饭却这么实惠。

兰州的早上，跟着李季去徐建春他们的办公室。看上去条件不错。没见到其他"办事处"水管长流水、马桶盖不知去向的现象，心里挺舒服。这边的预算已经审过了，没啥好说的。但还是不放心，上来又重复不许做什么、万一那样了该怎么办之类的话。看反应，这几个家伙，包括李季、徐建春、老曹，好像听不大进去，干脆就改成下指示了。看他们一个个在本子上逐条做了记录，才打住。

话题转到工程。李季说，一次多调了几个人进来，为下一步发展做好准备。他的意图我很明白。我说，做个高层管理人员，要有大智慧，别老把眼光盯在当期业绩上。只能看见短期利益的人，当不了高管。渠道今天改和明年改能一样吗？"雪花"今年卖和明年卖能一样吗？风险和成本能一样吗？局部有点小成绩，整体却受了大损失，要会算这个账，希望他们真都听懂了。

下午乘车，继续向西，去西宁。从兰州出来这一段，特别荒凉。路边的黄土山，连草都见不着。我心想这地方如果不是哪天突然在地底下发现了什么，还能有啥用呢？大概只能留着拍电影了。西北的太阳好厉害，车前排晒得热烘烘的。一觉醒来，路突然宽了，山也远了。见到大块的农田和成片的树林，房子也修得很漂亮。看地图，知道我们是在沿着湟水走。我们进入青海了。

西宁早就变了模样。大约 20 年前来过。那时从大什字向城边走，沿街还能看见干打垒的房子。现在，高楼大厦没特色了。车一停下，就有人上来献哈达，心里热乎乎的。但还是发现有问题，我说："兄弟我个矮，下次最好找个短一点的，别老拖着地呀。"周捷过来，熟练地给哈达打个结。原来早有解决之道。

一片欢天喜地之中，也没忘了说："晚上不喝酒，晚上不喝酒。"都喝了一路了。可小兵嘟嘟囔囔，说什么把联欢会提前了，"领导看行不行？"谁敢说不行呀！一边说："听你安排，听你安排。"一边"大骂"："小兵你整景！"

一对阳光少年宣布联欢会开始。台词不大熟练。也熟不了，提前了一个月！小兵的讲话倒是很熟练。他引用一段两位领袖级人物当年庐山会议上的对话。又怕这么多年轻人没听懂，直接号召大家今晚对领导有怨的报怨，有仇的报仇。财务部的"三句半"，不知为什么演到一半，最后那"半句"老是比前边的"一句"还要长，听起来更像"三句 + 两句"（按"三言两语"编的？）。但最出彩的，还是财务部这帮年轻人，居然把一年的销售策略说得那么完整和清晰。敬酒的时候，问"三句半"是谁编的？是岳峰。我们就对岳峰说，"公司已决定调你去市场部了。"吴启华要表演硬气功，走下台来借周捷的帽子。吓得周捷顾左右言其他，估计是错以为吴启华要拉他上台一块儿表演。经好几个人解释周捷才明白过来，献出了他那顶太阳帽。随着一声呐喊，啤酒瓶子在吴启华头上四分五裂，玻璃碴子溅了一地。我问吴启华，功夫是否要每天练？他说，现在不练了。愿他卖酒的功夫像他的硬气功一样过硬。老钟一上来就被宣布为青藏公司最有人气的歌星，唱了一曲。但吃饭的时候发现他除了卖酒和唱歌拿手，居然还会填词。在小兵的邀请下唱了一曲"四川名小吃进行曲"。我才发现四川有那么多小吃，连听都是头一次。我请他连词带曲一块写给我，可半个多月过去了，他发来短信，说那曲子是 37 年前的，网上也查不到，正在努力。

  节目告一段落，各桌开始上酒。我那桌被迅速地每人发了两个"小二儿"。一看就知道是冲我来的。忙解释，我其实不是爱喝"二锅头"，实在是其他这香型那香型的白酒都受不了，万不得已非喝白酒时才喝，也没人听，好几人拧开瓶盖快速往别人杯里倒酒。我一直怀疑中国人给别人倒酒是因为客气，还是希望让别人多喝，自己少喝。

  "节目"还没完。混乱中见吴恒不知啥时候坐在了桌对面，哗哗地流着眼泪，恳求在座的各位领导增加他的供货量。他这一哭，哭得我好有犯罪感。都是那帮基金经理，不懂装懂，一天到晚质疑我们的产能发挥率，乱哄哄地说得我们都忘了这回事了，造成 2005 年的重大失误。大家一起劝吴恒，好不容易停住了。应付敬酒、主动出击。一回头，吴恒又哭起来了，还是要酒！

其实，我一走进会场就想哭。怎么这么多人啊？一个个年纪轻轻，意气风发，都是怎么被"忽悠"到这个队伍里来的？我们一年才来一次，还有人提醒小心什么高原反应。这帮兄弟姐妹已经在这儿一年、两年、三年。中国第一，就是他们折腾出来的。凭他们的干劲、凭他们的刻苦、凭他们的信念、凭他们的智慧，每个人都应是前途无量。但我们凭什么来保证他们前途无量呢？

王群（时任华润雪花啤酒总经理）2005 年 12 月
载于《华润啤酒》2005 年 12 月 5 日

三热爱

贵州，上任伊始，面对管理团队，照例开会讲话，我提出了"三热爱"：爱贵州，爱公司，爱员工。

我国庆前来贵州上任，很多的高层同事都是从东北、四川调来的。不少人跟我说得最多的是：贵州比较落后、东西很贵、生活不好。一句话，贵州不咋地，生活很艰苦。

最离谱的一句话是：贵阳，落后成都20年！（因为我是从成都来的）可见，个别领导并不大喜欢贵州！

于是我想起了"三热爱"。

一是热爱贵州

其实，贵州是美丽的，山水占八分多，地无三里平，开门就见山，这样的喀斯特地形，应该是清秀的、自然的、纯朴的，何况还有巍峨的苗岭，磅礴的乌蒙呢，无限风光，怎么会不秀美呢。

贵州少数民族众多，56个民族有49个在此生活。苗、侗、布依族为最大，据说还有两个小民族没被列到56个中去。民族风情，贵州一点不比四川、云南少。

贵州，历来是多元文化的交汇，众多民族风情的交集。文化丰厚，民风朴实。生活在山水间，传统和现代，自然和人情，都是不缺少的。

CRB（华润啤酒）是一家全国性的啤酒公司，布局遍布全国。我们的队伍是来自五湖四海的。会有不少的同事，离开家乡，离开本土，奔赴一个陌生的地方。"打起背包就出发",是 CRB 的重要文化之一。

"打起背包就出发",我理解不仅是说能快速地异地到任,还有一个重要的内涵,就是到哪里就爱哪里,就是哪里的人。十年来,CRB 的很多高层管理人员都很少知道谁的老家是哪里的,大家在一起谈论最多的是在哪里干过,内心都充满了感情。一起喝酒的时候,都是按照"在哪里工作就属于哪里人"的原则来论的。

只有你爱这片热土,你才真的能在这片土地上生活,你才能真正地快乐,你才能真正地与这里融合。这不仅仅是出于工作的需要,也更有利于你个人的生活和精神。试想,你都不爱贵州,你却在这里生活、战斗,你能安心做好你的工作吗?

因此我们要爱贵州,爱贵州的山水,爱贵州的文化,更要爱贵州的人。

二是热爱公司

爱公司,是 CRB 的另一个核心文化,因为只有你爱公司,你才能把公司的利益放到第一。

公司是你工作的地方,是你事业发展的平台。贵州公司,或许有你不大满意的地方,但公司至少给了你机会,给了你施展的平台,于公于己都应该喜欢它、热爱它。只有你爱上公司,你才能真正地做好你的工作,你才能真正地从工作中得到满足感和成就感。我们暂且不谈什么主人翁精神,单是你作为公司的一员,你都至少对公司富有感情才是。假如你不喜欢这家公司,又要天天去上班,那可是一件很摧残人的事情。每天满腹牢骚,不仅仅做不好工作,还把自己心情搞坏,性情压抑。

因此,爱公司,是为了把工作做好,也是为了你自己心情舒畅。

三是热爱员工

我知道你很爱你的家人，爱你的朋友，爱你的同学，但你还需要去爱你的同事，爱你的员工。

人之一生，会遇到很多人，也会忘掉很多人。大家五湖四海来到一起，抛开缘分不谈，但就这一段时间这一段经历这一群人也都是一件很值得珍惜的事情。

你要做好工作，就不得不面对领导，面对同事，面对员工，不论能力大小，性格差异，年龄性别，高矮胖瘦，你都要跟他们在一个办公室里相处，在一个食堂吃饭，一起工作。

你绕不开领导和同事，你更绕不开你手下的员工。你烦他们，看不起他们，不仅是职场的大忌，更对你的工作和你的身心有害无益。与其板着脸与他们共处，真的不如满面春风，坦诚相待。你爱他们，你就没负担，你就内心坦然，你才能真正地放松，真正地觉得工作也是快乐的，觉得同事、下级是可以给你无限温暖的。

我们都是带队伍的人，手下很多的员工。员工是什么？是企业的最大财富和资产。我们讲企业的成功，人是第一要素，以人为本，主要说的是我们的基层员工。

员工很可能是参差不齐的，有的人能力强，有的人经验少；有的人憨厚朴实，有的人聪明伶俐；有的人心地宽容，有的人心胸不大；有的人大公无私，有的人斤斤计较。其实，这样的员工队伍才是真实的，才是丰富的。我们不能按照自己的爱好去要求员工，我们要把握员工的核心思想和关键能力，核心的共同价值是我们追求的。不要老是去挑毛病，要善于挑优点，不足的地方我们要致力于帮助、引导、培训。我们反对那些对员工粗暴、简单的管理者。我们要信任人，敢于用人。如果一个管理者老是觉得手下的员工这不行那不行，我看，最不行的首先是管理者自己。

热爱员工，最重要的是要真正地关心员工。

人性化的管理，是我们 CRB 多年来坚持的。记得 CRB 几年前专门组织改造员工食堂，过节送温暖，建立困难员工救助基金等，从各个方面去关心员工生活，关心员工的困难，关心员工的发展，这是我们这家企业的核心文化。在公司得到快速发展的基础上，持续的改善员工待遇，提高员工的收入，也一直是 CRB 所倡导的。过去由于我们刚进入贵州公司，企业处于亏损期，一线员工的收入是不高的。此事不仅仅刚调走的程总关心，CRB 总部的领导也都一直给予高度重视，都希望我们能在做出成绩的基础上，去进一步改善员工的工资水平。公司好，大家才真的好。

华润的文化，一直是以人为本的。华润的标志，其实就是由"人"组成的。公司的文化需要大力的提倡，什么文化呢，就是简单、坦诚、阳光、敬业的文化。文化不是几句口号，墙上一挂就好使的，要真正的自己做到才行，至少管理者首先身体力行。

如此看来，"三热爱"，既是一个很严肃的生活态度，也是一个很严肃的工作态度。

我们在提倡"三热爱"的同时，我们也坚决地反对"三种人"，哪三种人呢？一是不学习、不反思、不进步的人。CRB 的文化有一条是"业绩文化"，其实跟在业绩文化后的，还有一个"进步文化"。评价一个公司，评价一个人，不是光说有形的业绩，最多的时候是看"有无进步"。公司要进步，个人也要进步，不进步的人，是要被淘汰的。记住一点："个人的进步，也是业绩。"二是不阳光、不坦诚、不敬业的人。做事情耍小聪明、溜须拍马、投机取巧，不走正道、专攻小道，这种人不符合华润的文化，不符合 CRB 的人才观。三是损害公司利益的人。害群之马是我们坚决要清除的。

对管理团队来说，一句话：提倡"三热爱"，反对"三种人"，我们贵州公司的事业才能有更大的进步。

侯孝海（时任贵州区域公司总经理）2010年1月

载于《华润啤酒》2010年1月20日

胡雪花

胡雪花，真名叫胡兰，是华润雪花啤酒贵州公司黔东南三都水族自治县的一个普通女客户。

认识胡雪花，是在贵州公司2009年经销商总结表彰大会上。她代表获奖客户发言，众人起哄，请她说三都土话，她爽快地答应，但可真苦了我们这些非本地人，没咋听懂几句，好在听清楚了她说的最后一句话：跟着雪花走！

同事告诉我说，胡兰做雪花一年了。开始做的时候，三都县人不认雪花，只认×啤酒，雪花铺下去一直卖不动，胡兰就一家一家地跑，一箱一箱地铺，从不气馁，经过半年努力，生意才逐步变好，也挣钱了，现在雪花在三都已经是份额第一了。

轮到我总结发言，我的题目就是"跟着雪花走"，我说，这话不是我说的，是胡雪花说的。

从此，大家都亲切地叫她胡雪花！

四月，我们走访完今年进步比较大的福泉市场，来到麻江县。不料，在街头转了一个小时，都快走到县城周围的山边了，也只在很少的终端看到了雪花。麻江属于×啤酒重点市场，雪花今年才开始换防到黔南大区。与小店老板聊天，才知道我们的人根本没怎么认真做。老鲍（营销总经理）很生气，后果很严重。我召集大家把发现的问题梳理了一遍，商定了几项主要对策，并嘱咐负责的业务经理助理小胡，一定要拿下此市场（没想到三四个月后，自我反思励精图治的小胡竟然把这里做成了份额第一）。麻江看完后按照原计划去都匀，刘鸣（黔南大区总经理）很兴奋，现在都匀和我上次去看的时候大不一样了，现在份额已经第一了，我知道刘鸣的队伍是很不容易的，去年凯里的强攻不下和都匀艰难的拉锯战让队伍的每个人憋了一口闷气，现在一定是取得了大的进展。可是，我们偏不去，都第一了，还让我们去看什么？我们直接去三都吧。

都匀到三都的路上，老鲍由于前一天晚上喝酒有点过，在70里山路上经历了两个多小时的颠簸后，在一山口吐了。我说老鲍你这么好的身板都经不起车颠呢？老鲍说他不是第一个这么吐的，上次谁谁去看市场，也吐了。这路，颠呢！

到了三都，下车跺跺脚，就直接步行查看终端。县城不大，小店一个一个跑，也就是一个半小时的时间。路上恰好遇到公司负责此地的业务部经理小杜，他刚从郊区赶回来，一脸的焦灼，说现在郊区乡镇要启动，山高路远，交通不便，弄不过来，实在是缺人手。他陪着我们一起走，逐一介绍终端，看得出此市场他是花了心思的，几乎每个终端都能说出个子丑寅卯来。

到了胡雪花的批发部，她手下人告诉我们，老板听说我们来，就急忙出去做头发去了，我说你们老板这么重视我们呢，还要郑重打扮。她们笑着说，可不是吗，因为你们是她"娘家人"，现在三都的终端客户老板，也都喊她胡雪花呢。

正说的热闹，胡雪花回来了，她埋怨我们怎么不提前通知一声就忽然来三都了。我们只好严肃指出那是因为她做得很好，终端老板都认识她，为防止里通外合。其实我们雪花人看市场走终端，基本的方法都是"悄悄地进去"。

晚上，喝三都的九仟酒，此酒是水族人自己酿造的，据说当年水族的代表还特意带去北京，在中央七千人大会上献给毛主席他老人家喝。此酒最大特点是喝起来甜、喝下去晕、喝过后倒，少数民族同胞能歌善饮，边喝边唱，众人端杯一起喊三声"秀！秀！秀！"很是热闹和欢乐，可问题是，喊完"秀"要把杯中酒干完可真要命呢！

胡雪花是个耿直爽快的客户，她说去年公司的产品质量不稳定是个大问题，她一直都很担心；她说市场需要加人，需要加车，她会全力配合公司；她说三都市场的份额其实已经是第一了，但目标差距还不小，她一定会越做越好。她还带我们去看这里的小夜市，每个摊位开价都很高，她一直犹豫进与不进；她那天晚上说了很多，话题都没离开雪花。我感觉到她真是胡雪花，雪花就是她的全部。

三都只是贵州众多的县级市场中的一个。贵州不大，八山一水一分田，少数民族的风情很浓厚，人口不多且比较分散，交通不便，真没什么大城市。县城也类似沿海地区的一个大镇，各地的市场容量都很小。因此，我们雪花在贵州的发展，只能依赖于多个三都这样的县，山高路远挡不住我们雪花人的拓展脚步。彻底去改造这些县级市场和重点乡镇，正是我们贵州公司今后重要的市场发展策略。

三都的胡雪花，是我们贵州公司几百名客户中的一员，更是CRB（华润啤酒）千万个客户中的一员。她管的地方地处偏远，面积较小，销量也不大，但却很重要。一名普通的少数民族女性，为了做大雪花的事业，风里来雨里去，在这边远的少数民族县城里，一步一个脚印，把雪花啤酒从无到有，从少做多，从默默无闻到销量第一，在她身上我看到了华润雪花人的很多精神：勤奋，踏实，敬业，要是说CRB文化中有一条叫"每一个人都不简单，每一瓶酒才放光彩"的话，我至少觉得，胡雪花，就是一个不简单的雪花人，她在三都绽放了雪花的光彩。

我们一直把客户当成自己的队伍，一直强调"两支队伍"和"三支队伍"，这真不是一个简单的口号，里边包含了共同成长、共同奋斗、共同发展和荣辱与共的很多内容。

胡雪花无疑就是这支队伍里的优秀代表。

侯孝海（时任贵州区域公司总经理）
载于《华润啤酒》2010 年 9 月 20 日

梅花，雪花

跑市场到泸州，正值酷暑当头。今夏四川气候异常，7月凉爽多雨，难得8月终于盼来一热，但做啤酒的，哪里有不喜欢天热的呢。街头边走边看边问边聊，汗水早就湿遍一行人的衣衫。

陪我边走店边聊天的是一名片区业务代表，是个女娃娃，她的名字叫梅花。梅花是泸州人，做过很多年的促销员，在艰苦奋斗几年后，才"熬成正果"转正成了业务代表。看得出，梅花很喜欢这个职业，很喜欢这份工作，也很热爱雪花。

梅花对这片街区的店已经是如数家珍。哪家店要价太高，是亏损店；哪家店是竞争对手客户的亲戚，拿不下来；哪家店生意很差，卖酒很少；哪家店一天能卖多少雪花，卖什么品种。

梅花是这片街区终端店的"雪花"代名词，她的名字始终和雪花紧紧相连。一家餐前段时间被洪水冲了店面，刚恢复营业，女老板着急，梅花也着急。我们走出店很远，老板还踩着高跟追上来，喊着："梅花，梅花。"一家店的老板在内屋正忙活，顾不上回答我们的询问，梅花硬冲进去，把他拉出来，问他咋还没进新上市的冰山勇闯，老板一头大汗，说："雪花，好么，进么（四川话，好，进的意思）。"

梅花走街走得很快。她穿的是半高跟，但脚步却轻盈。我自以为走店都很少输给别人的，可梅花比我快，我只能跟着她的脚步使劲赶。我问梅花，泸州地势不平，你为什么不穿平底鞋呢，她说习惯了，穿平底鞋反而走不动。

梅花与客户说话很利索很耿直。进了店，开口就是张总、李总、王总的，喊的人自然，被喊的人似乎也习惯。梅花说的话没什么大道理，就是雪花那点事，但她把那点事说得很透、很白、很坚定。

梅花的双手很勤快。她走进店里就会直奔冰柜，打开门，整理雪花的陈列，到柜台上把雪花的系列产品一瓶瓶整理好，把箱子里的雪花拿出来，摆起，嘴里还唠叨着：摆出来，摆好。在这酷暑的下午，我偷眼看她俊俏的脸上，汗水不停地流淌下来。

晚上吃饭喝酒，泸州的一线将士刚开始还都很拘谨。但梅花和另一个与我一起跑街的小周（也是女娃娃）一坐，气氛立即活跃起来。梅花，还有梅花的同事，喝酒也很耿直，最后都开始用"盆"喝了，这真的是印证了我说的"有没激情，喝酒就能看出来"的话。

泸州是我这次走访的第20个市县，梅花是我见到的第72个业务员。第二天，我去南溪县了，再没见到梅花。也许梅花还是在那片街区里走着，喊着张总、李总，说着雪花那些事。

同事告诉我，泸州有个梅花，宜宾还有一个雪花呢（客户给我们宜宾女业务代表起的绰号）。我想，梅花也好，雪花也好，在我们的全国队伍中，总是相逢过；在我曾经走过的郫县、双流、都江堰、仁寿、五通桥、资中等的街区上，也有不少的男梅花、女雪花。

其实，在我们四川公司，并不是所有的业务人员（包括高层、中层）都是梅花、雪花。甚至一段时期以来，我们的队伍中也有不少的管理者和一线人员已经松懈了，懒惰了，麻木了，甚至难得跑市场了。

在我的思想中，跑市场，不仅仅是销售一线的事情，跑市场，也是我的工作职责之一。我刚来四川，杂事很多，一时没安排下去跑，内心很着急。为此，我这次走访市场，确实时间很仓促，行程很紧张，跑得不够多，走得不够细。但我也想通过这次仓促的走访，能让一线的同事了解我、熟悉我，我也能了解更多的一线同事，至少混个脸熟先吧。作为公司的管理者之一，我走访市场也对自己有要求，既然是走访，不走肯定不行；没访，也说不过去；走了、访了，没结果，类似给一线捣乱。为此，我设立了五个走访目的：一是了解市场情况。不下市场，不跑市场，我能了解什么呢？我能决策什么呢？二是共同研究策略。市场的策略不是公司或管理者凭空想象出来的，也不仅仅是一线自己的事情。策略的制定和明确，是我们大家一起来研究的。三是一起寻找业务方法。为了达到策略的目标，我们一起群策群力，把实现目标的方法无限穷尽，然后寻找最优的方案，制定最可行的措施。只是发发指示、提提要求，没有去把大家的智慧和经验调动出来，是要不得的。四是树立工作作风。我们的业务在市场上，不在办公室里。我们的战场在城区、在街道、在乡镇、在终端，不在七、八、九楼和各大区的办公室。我们不去跑市场，不去共同研究策略，不一起想办法，只是坐在办公室瞎指挥、定措施、出方案、发表格、批文件，这能做出正确的决定吗？我们的队伍能听你的指挥、能会相信你、能打胜仗吗？五是凝聚一线团队。我们的战场遍及全川，我们的队伍分散各地。作为管理者，我们必须下市场。我们的指挥所应该设置在最前沿的地方。如此，我们的业务问题才能得到最快的解决，我们的队伍才有激情，才有士气，才有战斗力。因为，我们本来就是一线的一员，必须跟他们战斗在一起。

泸州的梅花、宜宾的雪花，和更多市场的"雪花"们，让我看到了四川公司业务发展的希望。我们应该向梅花学习，向雪花学习。学习他们勤奋踏实的精神，学习他们真正跑市场的工作作风，学习他们对雪花业务的一片执着，学习他们对公司、对职业的责任和忠诚。

至少在现在竞争激烈的四川重庆市场，有必要提出和倡导如下的口号：不跑市场的区域公司总经理，不是合格的区域公司总经理；不跑市场的营销中心总经理，不是合格的营销中心总经理；不跑市场的销售大区总经理，不是合格的销售大区总经理，不跑市场的业务经理，不是合格的业务经理。

泸州的梅花，宜宾和其他各市场的雪花，他只是我们四川公司优秀的业务代表中的一部分，而在我们全国雪花的市场上，更是会活跃着成千上万的梅花和雪花。

感谢梅花们，感谢雪花们！

雪花，因你们更美丽！

侯孝海（时任四川区域公司总经理）
发表于 2012 年

执行，到一线去

到一线去

雪花的队伍，有三类人：一是卖啤酒的（销售的兄弟姐妹们）；二是做啤酒的（生产的兄弟姐妹们）；三是为做啤酒和卖啤酒的服务的（支持系统的兄弟姐妹们）。这三类人，都是为了一个目的：做好酒，把酒卖好。不管你是哪类人，卖酒的，做酒的，我们的战场都是在一线。只有到一线去，你才能做好酒，才能卖好酒。

所谓的"一线"，对销售来说，就是市场一线，就是大街小巷、乡镇、村落，就是餐厅、干杂、批零、超市、夜店；对生产来说，就是工厂的一线，就是车间、班组、仓储、营业厅等；对支持岗位来说，就是走出办公室，到市场、生产一线去了解情况、发现问题。

所谓的"到一线去"，对销售系统来说，就是走在一线；就是跑终端，见客户，搞陈列，查组合，问价格，清库存，做服务，拿订单……对生产系统来说，就是走进现场，做好每一个工序，掌管好每一台设备，检查每一项工作……对支持系统来说，就是定期去一线，在做每项工作的时候，心里装着你服务支持的一线，知道你这些工作都是为了一线……

到一线去，是我们职业的要求。雪花就是做啤酒的，就是卖啤酒的，我们雪花人所有工作只是为了做好每一瓶酒，卖好每一瓶酒。"每一个人都不简单，每一瓶酒才放光彩"，我们做不好每一瓶酒，卖不出去每一瓶酒，就没有我们存在的价值和理由了。做啤酒是在现场是在车间一线，卖啤酒是在市场是在终端一线。不到一线去，就是忘记了我们的职业，等于开除了我们的"酒籍"。

到一线去，是我们竞争的需要。一个完全竞争的行业，实际上就是你死我活的一个大战场。不是我们打败对手，就是对手打败我们。譬如一场两军对垒的残酷战役，如果战士（业务员）不在前沿阵地与敌厮杀，而是躲在工事里打麻将、上网，阵地一定会丢失；如果各级指挥员（主管经理）不在最前沿，我们凭什么去指挥？战士们凭什么为你洒热血？如果高级指挥员（大区总、中心总、公司总）不去前沿阵地不去战场，只是躲在"南京国防部"里看地图发电报，战役何以取胜？要想竞争取胜，必须到一线去。

到一线去，是我们落实执行力的基础。执行力，是咱们公司的一个大问题。再好的战略没有执行也是空中楼阁。在管理链条中，战略、组织、文化其实都是在前头，执行在管理的末端。但是执行的重要性，却是在前端。好的战略，坏的执行，一定不行，坏的战略，好的执行，不一定不行，说的就是这个道理。

要命的执行

我来四川公司半年，和大家一起办了几件事情：一是抓文化，这个号角已经吹响，也开始落地。但企业文化的事情不是一年两年的事情，是贯彻始终、循序渐进的过程，对一个"生病"的公司（某员工如是说），文化的落地更加任重而道远。二是抓战略，通过市场的走访、富乐山会议、三年战略规划的检讨和制定，我们的战略不能说已经成熟了（后期可能还有反思和检讨），但至少是明确有方向了。三是抓组织，前期从业务出发，根据战略规划，对组织和人员做了一些调整，如重庆营销中心成立、销售大区的增加和调整、销售大区财务的转型等等。其实，组织建设实际是和企业文化息息相关的，此后的组织建设必然会"文化决定队伍"，即：不适应文化的队伍成员，将会被淘汰。四是抓业务计划，通过审核各大区业务计划，基本上理清了业务的思路。五是抓流程，业务审批流程的修订用的时间比较长，造成了业务管理变严和一线要求效率的矛盾。随着我们信息系统的完善、流程的缩短，相信会逐渐"变快"。这五件事情，只是万里长征走完了第一步。我们目前最突出的问题，就是执行力了。这些转变的努力，都需要执行下去，都需要落地到所有的员工中去，否则我们就白折腾瞎耽误工夫了。因此，对雪花人来说，没有什么比执行力更重要的了。

无须借你一双慧眼，你都能知道我们的执行是什么样子，吓人得很。前段时间，成都大区一位负责餐饮的副经理，被公司撤职劝退，随即成北大区、雅安大区有三名业务人员被解除了劳动关系，其他销售大区也有不少人受到了处分。我相信随着管理落地、强化执行力的开展，会有更多的执行力差的员工受到处理。为什么呢？因为他们的执行出了大问题，他们忘记了自己的职责，忘记了竞争的需要，忘记了到一线去执行，他们的身上，除了会"耍"，什么也不会了。

干活？还是不干活？

不干活，是执行的最大敌人。

咱们处于一个很辛苦的行业，干着很辛苦的工作，这是咱们的业务特点决定的。这要求我们必须干活。你不干活，就没市场，就没销量，就没利润，就没有我们。为此，我们必须坚定地喊出我们的主张，那就是：谁在公司不干活，就让谁别在公司干。

干活，是执行的基本要求。说到执行力，首先是去干，不干就谈不到执行更谈不到执行力了。干活并不代表执行会好，不干活执行一定不会好。"干活"，就是对大家执行力的第一个要求。做到这个要求的，我们才有下一步，做不到这一个要求的，没有下一步。

会干活，是执行的第二步，这个涉及培训、实践、经验、能力、管理工具（如制度）等，此点我们也很薄弱，但可留待下回分解。

干好活，是我们强化执行力的目标，我们做执行、管执行、去执行，归根结底是为了大家干好活。大家干好活，我们的执行就有了好的效果，我们的目标就会达到。

清除不干活的人，是我们强化执行力的关键所在，让干活的人会干活、干好活是我们现在开始抓并持续提高的地方。我们要打造一支有灵魂、有战斗力的队伍，就必须做到我们的队伍首先是干活的人，是可以执行业务战略和计划的人，然后把队伍培养成一支会干活、干好活的雄狮。

所说的"到一线去"，我们能到一线去吗？

所说的"执行"，我们能执行好吗？

侯孝海（时任四川区域公司总经理）

发表于 2013 年 2 月《巴蜀雪花》

没有灵魂的队伍
是打不了胜仗的

　　企业文化，写出来容易，做起来难；贴在墙上容易，落在人心里难。记得在雪花全国发展初期，公司内部还少有企业文化这一说。多年前，雪花总部从沈阳迁到北京不久，大家看到雪花逐步走向全国，要成"大公司"了，都希望尽快确立企业文化。老程总逢会必"唠叨"企业文化，大家亦你一言我一语地议论开去。王群总经理却一直不表态，最后被逼急了，问大家："你们几个人说的企业文化都五花八门，全公司几万人，那要整多少条企业文化啊？企业文化应该是公司在发展过程中'自我形成'的内在基因和精神，现在我们刚开始发展，八字没一撇，一人一句就成企业文化了？"

　　无疑，华润雪花是一个有着优秀企业文化的企业，否则，雪花就不可能在竞争残酷的啤酒行业南征北战，亦不可能从一家区域公司成长为全球销量最大的单一品牌，取得品牌价值596亿元的好成绩。雪花的企业文化确实是在企业自我发展中，依靠战略、依靠组织推动，在商场"搏杀"中，由全国各地的雪花人共同形成的。雪花的企业文化，体现在战略实施、组织建设、人才选拔、评价机制等各项管理活动中，体现在无处不在的制度、流程、标准、模式、方法中。

　　前年，对雪花企业文化的一次调查和整理着实让人吃了一惊，没想到会有如此之多的"企业文化"，更没想到竟有不少"企业文化"是没怎么提炼、宣讲过的。

无论是"勤奋、务实、诚信、创新、进取"，还是"包容、开放、人性化"，无论是"讲业绩、讲进步"，还是"打起背包就出发"，这些文化的背后，浓缩的是无数故事，无数例证和无数经历。企业文化实际上已经渗透到了每个工厂、每个车间、每个市场、每个员工的血液里，为我们这些在基层做管理工作的员工提供了丰富的文化资源，为我们在基层管理中践行企业文化提供了最充足的基因序列。

去年下半年，华润雪花四川公司也尝试着对企业文化进行提炼和重塑。这几年，面对激烈的市场竞争，四川雪花在竞争对手的强力进攻下，市场份额步步下滑，经营业绩逐渐回落，重塑企业文化成了我们的首要之举。我们提出并着力推动"三个转变"——企业文化的转变、军事路线的转变、管理方式的转变，并使之成为四川公司2013年的管理主题。

从雪花的文化基因中，我们提取了5条企业文化，连同集团倡导的组织氛围文化，形成了"5+1"的文化组合，在四川公司进一步夯实。

关于勤奋。我们还像过去那样勤奋吗？销售人员还在经常跑市场吗？跑市场是坐车还是走路？是走客户还是走终端？生产管理者还会经常去车间去生产线吗？还会经常讨论问题解决问题吗？勤奋不是说的，是做的。

关于学习。我们的学习能力强吗？我们去兄弟公司是去学习还是喝大酒？我们学到的东西应用了多少？我们在参加各种会议时，是否做到了认真记录、学习和思考？我们有定期、专项的反思总结吗？是反思得多还是讲成绩更多？

关于进步。公司的管理水平是否每年都在进步？我们的市场份额、我们的业绩、我们每个员工是否都在进步？我们是否真正做到了按照讲进步来制定考核激励、提拔干部？是否以此规范我们的管理？

我们常说"公司利益第一",遇到问题时要为公司利益挺身而出,主动解决问题。扪心自问,我们做得如何?是否存在推诿扯皮?是不是把自己太当回事,把企业不当回事?

我们是以消费者为导向、以客户管理和服务为重点、以营销为龙头、以产品质量为生命的企业,我们的生产、财务、人力资源是为这个做支持的,在"市场第一"的目标下,我们支持得怎么样?

整个"5+1"企业文化再造过程经历了三个阶段:第一阶段是企业文化的提炼、提出。在此阶段,干部是犹豫的,中层是观望的,基层是漠然的,推行之初异常艰难。一把手,特别是全体高层一把手的亲身实践,是成功的关键,只有领导真刀实枪去做,才能服人。第二阶段是企业文化的落地。将企业文化落实到战略检讨、策略制定、组织建设、人才考核和选拔中去。四川公司先后组织了富乐山战略检讨会、各系统各单位的业务策略研讨会、业务计划的讨论和制定、季度业务反思会、大规模中层干部公开招聘、考核激励方案调整、高层干部公开竞聘和淘汰、一线人员执行力大检查等重点工作,这些措施的落地,让企业文化在管理层面完整"坦白"地铺展开,让公司上上下下的员工切实感受到了企业文化的力量,它是与自己的工作息息相关的事情。第三阶段是企业文化宣传扩大阶段。公司精心制作了四川公司企业文化手册,人手一份。在区域公司、工厂、销售大区设立企业文化墙,将企业文化的宣传和业务重点工作、公司政策制度、群众性集体活动融为一体。公司还组织基层一线开展"身边最美雪花人"的选拔活动,对践行企业文化的优秀雪花人给予积极宣传,加深群众对企业文化的认识。

经过一年的努力,四川公司的企业文化已经逐步形成,并逐步成为公司 2013 年"三个转变"的核心力量,对推动市场业务"军事路线的转变"和各级管理体系"管理方式的转变",发挥了中流砥柱的作用。

在这一过程中,我们亦总结了不少经验教训,其中三条原则我们一直遵循着。一是企业文化的建设,一定是从企业中来、到企业中去,从群众中来、到群众中去。二是企业文化的发展,必须遵循"战略决定组织,组织决定文化"的核心指导思想。三是企业文化不是靠说的,不是靠写的,不是靠喊的,也不是靠贴标语,是靠实实在在"做"出来的,"干部在做,群众在看""一级做给一级看",才能把全体员工带动起来。

国有国魂,军有军魂,没有灵魂的队伍,是打不了胜仗的,对企业而言,这个灵魂就是文化。"雪花"处在一个竞争异常残酷的战场上,而归根结底只有靠我们每一个有"灵魂"的"雪花人"才能驰骋战场。四川雪花的企业文化建设才刚刚开了个头,后边的路还很长。我深信,每一个人都不简单,每一瓶酒才放光彩。

侯孝海(时任四川区域公司总经理)

载于《华润》2013 年第 12 期

小荷才露尖尖角

培训中心运行三年了,要出纪念册。三年很短,还是一个小娃娃,出这么个册子,感觉是给一个娃娃摆大寿。

中心刚成立时,原先规划了两个地址,一个是新都,一个是峨眉,野心很大,希望能建设成为公司高中基层的"大学",考虑到雪花业务的实际情况,最后确定了新都工厂这一个地方。成立了机构,内招了两三个人,配了几杆枪,培训中心就开张了。

这三年,中心做了不少事情,突出的有三个。一是建设了一支兼职培训师队伍。过去我们搞过很多次兼职培训师建设,效果都不好,但依托培训中心的统筹、规划、培训和管理,我们的兼职培训师队伍已经建立起来了。他们来自公司各个战线,业务经验丰富,通过培训、试讲、课程实战,现在都已经成长为公司非常重要的"名师"了。二是开发实施了众多的培训项目和课程。从最开始的高层领导力,到中层胜任力培训,到基层的系列课程和青苗训练营,基本上涵盖了高中层的培训体系已经成型。课程的选题、开发,也逐步法地由从上到下过渡为从下到上,走上了"从业务中来,到业务中去"的道路。这些培训,也许还需要更落地更完善,也许还有形式上的改进空间,但培训的作用是巨大的。三是找到了做好培训工作的成功路子。一个组织的学习,除了业务实践和自我学习外,培训是必不可少的。但培训怎么做,其实是件很头疼的事情。培训中心三年的运行,我们找到了一些成功的路数。我们的培训中心,虽然地方不大,但学味十足。过去的三年里,无数的雪花人来中心上课,思想与智慧的火花在此处碰撞,

"小培训，大学问"，咱们的培训中心在华润系统里都是出了名的。更值得表扬的是我们有聪聪、小谢、陈聪等一群"有经验、有激情、有创造力"的培训管理队伍，他们用自己的辛勤努力和实践证明：培训，不仅仅是一门专业，更是一门管理的大学问。

三年只是一个开头，万事开头难，前几脚踢好了，后面的路就好走了。

一是从业务中来，到业务中去。随着培训的开展，受训者的需求会逐步地向"实用、适用"转变，培训的目的也会越来越注重实效。这要求我们的培训要秉承"实践出真知"的根本，将课程的开发立足于业务实践。开业务的课，讲业务的事，释业务的惑，让培训的课程紧贴业务紧贴实践紧贴岗位。

二是聚焦疑点难点关键点。经过了大量一般性培训后，培训就不能"有枣没枣打三杆了"，要寻找业务发展和技能发展的疑点、难点，聚焦核心业务关键点，使培训成为业务和岗位释疑解惑的重要平台，成为公司战略业务推动的关键把手。

三是研究新趋势、新业务、新方法。处于竞争激烈的啤酒战场，无论是外部环境还是竞争因素，都瞬息万变。行业的新趋势，产品的新创意，营销的新方法，技术的升级换代，移动互联网的发展，新的消费群体的崛起等等，都应该成为培训的一部分。尤其是面对新业务，如OTO、互联网金融等，更应该借助培训这一平台去研究、分享。

做到这三点，实属不易，这需要我们的培训不仅仅是贴近业务，还要与业务同步，而且一定要走在业务前面。同时，咱们的培训的方式更要从目前的"培训中心组织、业务单位配合"，转变为"业务单位一把手组织，培训中心承办"。各系统各单位的一把手要逐步地成为培训的组织者和领导者，培训什么？怎么培训？一把手要亲自定题目、定课程、定内容，好的管理者，还需要做到与学员的"三培"（培讲、培答、培上课）。

不管怎么说，培训中心的三年，是有意义的三年，也是有成果的三年，小荷才露尖尖角，希望这三年，只是一个好的开始，未来的岁月，更上一层楼。

侯孝海（时任四川区域公司总经理）
发表于 2016 年 2 月

把学习和反思当成我们的工作习惯

2017年到现在的一年半时间里，公司处于快速转型和发展期，公司、组织、个人层面都在经历前所未有的一些挑战。重大战略举措的推进，业务经营思路的转变，企业文化的梳理都可能遇到方方面面的问题。这一年，我们虽然取得了一点成绩，但我们知道远大的目标不是轻轻松松敲锣打鼓就能实现的，特别需要不断的反思和学习。此次反思会希望集中雪花团队的智慧，对公司存在的问题进行全方位的梳理，不断矫正方向，解决遗留问题和前进的绊脚石，切实保障公司阔目远航。希望各位参会人员，能够冷静客观地反映问题，不谈成绩，直指问题。

"把学习和反思当成我们的工作习惯"，这是我们过去经常说和提起的，今天作为主题发言的题目，也是希望借此恢复并发扬雪花啤酒学习和反思的优秀文化。我们要查摆公司的问题，更重要的是要在组织和文化中铸造学习与反思的基因，重新焕发学习和反思的精神与动力，助推公司有质量的增长。

一、在学习中成长，在反思中进步

学习与反思，是支持雪花啤酒从区域走向全国，实现全国销量第一的重要文化。首先，雪花啤酒是在学习中成长的。我们从东北起家，很多人没有啤酒销售、管理、酿造的经验，雪花一系列的成功之道、竞争优势都是在学习中日渐积累、总结形成的。我们向竞争对手、合作伙伴、快消品兄弟学习。从创建之初到走向全国，公司组织如何设计、战略和策略如何制定、总部到区域如何推动落实，及采购如何统一、渠道如何改造、产品如何组合等等，很多东西都是靠内部和外部的互相学习，才铸造了雪花啤酒今天的成功。以前雪花啤酒也召开过很多次关于学习的会议，我们学习系统论，学习品牌前沿知识，也学习解放战争的战略战术。没有学习就没有"雪花"的今天，"雪花"是在学习中成长的。

其次，雪花啤酒是在反思中进步的。反思文化在雪花啤酒发展的各阶段都是企业进步的原动力和助推器。"雪花人"能够满怀虚心，自我反思，不断查找问题与不足。比如质量管理，最初就是找毛病、找问题，反思缺点和短板；提出精制酒翻倍并做大中高档都是自我反思进步的结果，反思是公司发展的主要文化。我们在相当长的时期内为曾经获得的成绩骄傲和自豪，但从未自满。实现全国销量第一时，王群总经理说雪花啤酒只是取得了行业竞争的资格，这也体现了"雪花人"在发展中不满足、不骄傲、求发展的精神。反思的文化在"雪花"高层管理人员中有很多很好的实例，在各区域公司也有很多很好的体现。反思文化已经渗透到各区域、各队伍，以及"雪花人"的血液中。我们之所以能做到一千万吨，实现全国销量第一，反思文化是我们成长和发展中的重要推动力，所以"雪花"是在反思中进步的。

最后，"雪花"发展的最大的威胁是不坚持学习和反思。回顾过去，虽然有学习和反思文化，但也有走弯路的时候，特别是在雪花成为全球单品牌销量第一后，或多或少出现了自满自足的问题。不少高管认为自己很不错了，也有了我们比对手强的想法和思维。我们在历史发展中没有及时用反思的思维来思考，总觉得自己走在前面了，猛然一段时间再回头看已经落后于行业的发展。曾几何时，我们不仅没有向外部学习，连内部学习都没有了，抗拒外部学习，抑制互相学习，同时也不进行反思，这对我们事业的发展特别有害。总结少，分享少；对竞争对手了解少，对国际形势了解少；不坚持学习和反思，更没有组织机制来保障学习和反思的文化；会议开的少，总结经验少；慢慢地自我封闭、故步自封，形成了一些主观主义和权威主义，长此以往继续走下去我们将会面临很大的发展危险。

因此，我们必须强调：雪花要在学习中成长，反思中进步，学习和反思是支持雪花啤酒发展的主要文化。

二、学习和反思，是雪花啤酒持续进步的两大法宝

其一，学习是第一位的，没有学习就谈不上反思。学习做得好，将开阔雪花人的视野，丰富雪花人的专业知识，积累雪花人的实践经验，增强雪花人的创新意识。我们要始终抱着行业小学生的心态，抱着需要学习、需要支持的态度。新勇闯上市是我们用学习和反思心态来做的，过去我们没有流量思维、没有IP（知识产权）意识，缺少对粉丝经济的研究，但只要我们去学习、去实践，我们就会有很多的收获，从新"勇闯天涯"上市推广的情况可以看出，学习是第一位。

其二，反思是学习的最好方式。反思和学习不同，学习是不断吸收、丰富、开拓，反思是让学习的东西进一步总结、提炼、升华，反思是对学习内容和实践的诊治，是学习和实践经验的结合和重新融合，是推动前进的武器。反思具备从实践中来到实践中去、实事求是的精神，如果学习还不能了解其中的味道，反思就会有更多经历的体验，反思更多时候是自己和自己对照，和竞争对手对比，在榜样之间找短板，也是在执行结果和目标实现之间找差距。所以反思是学习的更深、更高层次，是思考和探索的过程。

其三，学习的敌人是自我满足，反思的敌人是盲目自大。我们不学习是因为满足，如果不满足肯定会学习，自满、自封是学习的敌人，固执、自大是反思的敌人。如果在学习和反思中有金字塔的管理层级观念，有专家学术思想，那就没有好的学习和反思。所谓的权威、专业，应变成学习与反思的引领者而不是敌人。只要我们自己不满足、不自大，就能把学习和反思落实到业务中去，推动公司健康发展。所以，学习是反思的基础，反思是学习的源泉。掌握这两大法宝的关系，组织才有更强健的肌体。

三、学习和反思，是雪花啤酒组织健康的一剂良药

组织健不健康，强不强，进步与否，在于我们学习多少、反思多少。学习少、反思少的组织不可能很健康地发展；反之，如果保持学习和反思精神，组织将越来越有活力，会更有能力承担更大的责任。学习与反思是治疗组织疾病的良药，也是保障组织健康发展的营养剂。

那么学习反思什么？首先是自我学习、互相学习。现在我们做绩效考评，签署战略业绩合同，每次执委会汇报区域业绩，公开公司所有数据，就是要互相学习，看到自己的不足和别人的进步。要提倡互相学习，谁做得好就多向他学习；发现自己不足的地方，就向组织里做得强的学习。如果没有自我学习和互相学习的精神，就不会有好的成长。其次，向竞争对手学习。竞争对手在很多方面比我们好，比我们强，我们要积极对标，通过对标找到问题与差距。雪花现在的对标少，今后需要改变。任何组织和个人都需要对标，对标的目标可以是国内或全球其他公司，可以是竞争对手或同行业其他企业。最后，要反思自己。我们经常习惯反思别人，总觉得别人做得不好，却不自我反思。公司、组织和个人都应该做自我的反思，只有自我反思才是真正能触动内心的反思，当然，也可以通过标杆学习，促进组织内部反思。

四、学习和反思，要更好地在雪花啤酒落地

学习和反思要遵循四条原则。

一是对事不对人。所有反思批评都对事不对人。二是谏言不空谈。我们不想做空留历史名声的谏议大夫，我们要正确提出意见和看法。三是处理好局部和大局的关系。分清哪些是公司大局问题，哪些是局部问题，分清个性、主观和客观问题，这些都是落实反思精神中需要注意的原则。四是要搭建学习和反思的保障。

第一，好的一把手。在座的各位好的一把手，都有承担学习和反思的责任；能承认自己的不足，认同同事、上级、下属都是充满价值的人；要能看到问题，听取意见，善于吸收组织中各种言论，有领导定力。组织中如果一把手不爱学习，不听取意见，这个组织不可能有学习和反思的精神。

第二，良好的组织氛围。开放坦诚的团队交流气氛非常重要，如果组织氛围压抑，就没法进行反思。大家活跃，不紧张，在反思的过程中勇于说话，在组织里创造自由的气氛非常珍贵。

第三，建立良好的学习和反思机制。比如两年举办一次反思会，季度会议中增加反思议题，做每件事都形成反思的习惯，希望我们的公司能建立这种机制。此外，要把学习和反思变成公司文化的核心内容。昨天执委会上企业文化项目组的汇报，基本架构里有学习和反思，这将是我们重要的文化，要形成工作机制、会议机制、项目反思机制。

第四，学习和反思需要保护伞。不允许任何组织和个人对学习和反思打棒子抓辫子，不能秋后算账，不能主动为难别人。要让组织和个人都坚信，我们倡导公开坦诚交流，倡导当面沟通而不是背后发牢骚。反思不能蜻蜓点水，要坐下来认认真真说真说透；要敢于承认公司、组织和个人的错误；要勇于指出不切合公司实际，可行性不高的决策；要敢于否定自己，否定自己是自信的表现；要敢于挑战，生而无畏，敢于挑战自己的领导、组织和机制，对权利，威信，官位正确看待，不盲从。用反思的眼光看待问题不会妨碍执行，反而会助力执行。

五、让学习和反思成为雪花啤酒的核心组织能力和文化

从 2017 年开始，雪花啤酒在外部环境变化的大背景下，立足于在战略中展开大决战，希望在未来竞争格局中，占有更好优势地位。我们在过去一年半中，在三大管理主题、十大战略举措项目推动下，开展了一系列转型、创新、具有战略性和前瞻性的工作。业务增长、战略目标的实现，最大的保障是我们的组织队伍和文化。组织队伍中，最大的财富是学习和反思的精神，要把他们变成雪花文化核心的基因。要持续开展内部大学习、内部专家授课、内部工作坊，用从业务中来到业务中去的理念推进业务发展，每一步都要配以反思，反思是否存在问题，反思公司面临的环境，反思发展中的新变化和新问题，这才是保障我们有质量发展的重要支撑。

希望下半年启动这一轮反思热潮，促进反思成果落地，进一步夯实雪花啤酒学习和反思在文化中的意义。只要具备学习和反思精神，我们的队伍将会成为行业勇猛之师，希望把学习和反思当作我们的工作习惯，只有这样雪花的事业才能无往而不胜。

侯孝海（华润雪花啤酒总经理）
摘自 2018 年 7 月 18 日公司反思会上的讲话

打造一支能打仗、打胜仗的高级指挥人才队伍

2018年的1月2号,我们在华润大学(小径湾)开展了"三个驱动轮"项目的开学典礼,并进行了题为《打造三轮组织能力 驱动业务质量发展》的新年第一课;今年的元月二号,我们的"三级一把手"同样来到华润大学(小径湾)开始新年第一课的学习,"新年第一课"已经成为我们提升公司组织能力的重要学习方式。我今天讲课的主题为"打造一支能打仗、打胜仗的高级指挥人才队伍"。

我们为什么要做"三级一把手"项目?为什么会把2019大决战元年的新年第一课献给我们的"三级一把手"?我在2017年7月第一次提出打造"三三二二"人才队伍建设理念的时候,雪花啤酒面临的是怎样的情况?

"三级一把手"项目实施的原因在于:第一,我们的队伍来自五湖四海,在每个战区中作战。但在过往的日子里,我们的队伍交流分享较少、集体研究不够、互相学习不多,所以我们要通过"三三二二"队伍系列的培训项目来解决人与人之间、业务与业务之间沟通、互通的问题,达到经验与教训的共享,并从中萃取出我们雪花啤酒最强大的竞争能力与优势。第二,决定我们核心业务工作的人就是"三三二二"队伍。我们公司经过这么多年发展,深刻地感觉到:总是会在不同的地方、不同的人身上犯着相同或类似的错误,很少能够将一个人的经验变成组织的经验,很少能够将一个市场的经验变成全国市场的经验。所以,我们急需打造"三三二二"队伍,

来撑起销售业务的发展。

毛主席曾在《矛盾论》指出：要学会抓住事物发展中的主要矛盾。我们也要学会抓住核心问题和"牛鼻子"，以促进整个组织、队伍、业务的发展。去年我们通过"三个驱动轮"的项目落地，取得了较好成效，强化了销售管理、销售财务和营运管理在我们组织中驱动、管理、优化的能力，使得我们更像一个军团一样在整体作战。但三轮还有不足，成效还不够落地，2019年三轮仍要继续转，仍要培训。这意味着"三级一把手"和"三个驱动轮"两个项目的近300位学员会在2019年同时开展学习与研讨，这在雪花的历史上是第一次。

"三级一把手"项目是在雪花啤酒战略规划指引下，在"三个驱动轮"项目取得一定的成效之后，时机成熟、应运而生，此项目的重点在于解决各级"一把手"怎么打仗、怎么打胜仗的问题。接下来，我将从以下三个方面展开阐述：

一、正视战略短板，继续质量发展

我们的战略短板是什么？"高端市场"是我们最核心的短板，而且"高端市场"决定着啤酒行业未来的胜负。那在"高端市场"中什么又是我们短板之中最大的短板呢？其实就是我们的"能力"，能力与产品、品牌、渠道等的关联并不大，能力更多是指我们的人、组织和公司在"高端市场"上的能力和经验。

现在外界都很关注、看好华润雪花，但他们也疑问：雪花啤酒能做高端吗？雪花啤酒具有做高端的能力吗？类似疑问让我回想起十五年前外界质疑我们能不能做全国品牌的光辉岁月，事实上我们用全国销量第一、全球单品牌销量第一的结果回答了这个疑问。同样的问题今天到了"高端"这个短板上，我们能不能解决这个问题，弥补这个短板？这个问题回答得好不好，决定了公司的未来。2019年是"雪花""高端"决战的元年，我们与喜力进行了战略合作，自己也有了"四大金刚"产品（脸谱、匠心营造、马尔斯绿、superX），还会在渠道上进行二次升级，下一步就看我们有没有能力在"高端"上运作好、操作好了。

只有当我们重视"高端"这个最大的短板之后，才有解决短板的希望。所以，希望我们所有的"雪花"队伍都要清晰认识、正视我们的短板。在这里推荐大家读一下《中国共产党人的战略思维》一书，我党之所以能够取胜，很重要的一点原因就是：中国共产党具有强大统一的思想，时刻能够准确抓住战略机遇、抵御巨大风险。书中的很多思想、观点、战例都特别适用于我们的销售业务，尤其是对我们决战高端有很强的启发，建议各区域将此书推荐给所有的高层。

我们设想把战略短板通过"三级一把手""三轮驱动"和"重大战略举措"等来加以解决。我们须知道：每改善战略短板中的一小块，就会促进业务发展的一大步。两军交战，战势的发展就是"敌我双方势能增长与衰减的过程"。比如，我们的高端产品每增加销售1万千升，就会给对手造成很大的伤害，双方的势能就会发生更多的变换，并最终促成"雪花"势能发展超越对手，优势就会站到"雪花"这边，当势能积累到一定程度，双方的胜负就没有悬念，剩下的只是时间问题。今天我们"三级一把手"每一个人一点一滴的进步，都是在为未来的胜利积蓄汪洋大海般的能量。所以，我们要树立战略思维、正视战略短板、促进势能转变，这是继续有质量发展的坚实保障。

二、坚定战略自信，夺取决战胜利

为什么要提"战略自信"？有以下几方面的原因：

第一，我们有没有战略？我想，通过2017年推出十大战略举措，华润雪花也制定了"战略发展纲要"，各区域公司都制定了五年战略规划，我们的战略不仅有，而且是比较清晰的。战略的有无决定了我们队伍的方向、目标是否一致。

第二，我们的战略正确与否？目前来看，我们对国家政治经济发展的大势、行业发展趋势的把握、竞争对手的研究、自身的优劣势还是作了全面、清晰的梳理与分析。我们也提出了全面完整、切实可行的重大战略举措。"实践是检验真理的唯一标准"，两年以来的实践证明，华润雪花啤酒的新战略是十分正确的，也取得了实质成效。

第三，我们的战略执行得好不好？目前看可以说是进展迅速、卓有成效。自 2017 年至此两年以来，雪花啤酒的战略落地有力、执行有效，我们进行了组织再造，整体的战斗力和竞争力大大提升；业绩不断增长、市值不断提高；以壮士断腕的决心推进精兵简政和产能优化；品牌重塑项目推出的新产品让业界眼前一亮；很多区域公司像山东、晋陕、大华东、大西南等都取得了重大进步；企业文化体系隆重推出……为此，我们"雪花人"是深感骄傲的，有着对大决战必胜的信心和攻坚克难的决心。

第四，我们有没有战略机遇？纵观整个啤酒行业的转型，可以断言雪花啤酒正面临着前所未有的战略机遇。雪花啤酒对战略形势有着清醒的把握，获取了巨大的战略资源，巨头竞争的势能正在向"雪花"集聚，我们也正走在正确的大道上。当然，机遇势必伴随着挑战，我们也有产能优化、精兵简政的"压力山大"和困难，在新产品推出方面也是边学习边实践等。

所以，正是由于我们有了清晰正确的战略，过往的两年取得了不错的战略落地成果，并面临着前所未有的战略机遇和巨大挑战。正是在这样的背景下，我们才更要坚定战略自信，保持战略定力，把握战略机遇，战胜压力和困难，以取得大决战的胜利。

三、建设高级人才队伍，决胜高端市场

大家可以看看《大决战》这部电影，我党取得决战胜利的要素有四个：第一，党中央的正确决策和部署；第二，前线指挥员高超的军事指挥艺术；第三，一线官兵的奋勇作战；第四，人民的人心所向。所以，我们华润雪花要想在啤酒行业的大决战中取得胜利，亦需要从上述几个维度进行思考，特别是前线指挥员高超的军事指挥艺术，这也是"三级一把手"项目着力培养和打造的。前线指挥员是确保政策和部署落实到位的保障，亦是一线官兵奋勇作战的定海神针，是确保决战胜利的核心力量。所以，我们要打造一支能打仗、打胜仗的高级指挥人才队伍，而高级指挥人才应该具备以下能力素质：

（一）明大势

"三级一把手"不是一般的管理人员，都管理着一个或两个省／市的啤酒销售工作，如果从军队和军事管理的角度看，大家都是高级指挥将领。所以，每个人都应该具备战略思维、战略规划能力、战术组织与执行能力；每个人都应该清晰地知道自己的目标、市场规律、战争态势，而不是只知道埋头苦干。每个人要明大势，不要"守小家"，比如要重视听装酒的飞速发展，关注"新、高、特"场所，把握高档酒的发展等。所以，我希望"三级一把手"要明大势：层次很高、视野很广、大局观强、思想很丰富、经验很充足、创新意识很好、组织能力很强。

（二）谋大局

现实当中，少数管理人员干了很多年却没干成事、没干成大事，对待工作平平庸庸、"当一天和尚撞一天钟"，这是不行的。谋大局就是要干大事、做核心的事、解决问题的事、改变市场的事；谋大局就是要洼地市场突破、制高点建设、渠道改造升级、价格体系管控、高端市场操作、销售团队战斗力和凝聚力提升等等。每一位"一把手"都要谋大局、不要有"守城"心态，

每一位"一把手"都要有谋大局的能力和强烈的愿望，让自己能够通过两至三年的努力，使一个团队、一个组织、一个公司、一个市场"旧貌换新颜"。谋大局是我们的职责所在，是我们职业的要求，是我们每一个人的理想。

（三）带团队

我认为，无论在任何场合、什么时间，再怎么强调团队的重要性都不为过，因为我们任何一个人的成功都必须依托团队。反观现实中，我们很多"一把手"喜欢单干、不喜欢团队协作、甚至不欣赏团队，这些人肯定成不了大事、不会有大作为。大决战当前，更需要我们去提升团队组建、管理、组织的能力。所以，带团队的能力是"一把手"最核心的能力。

（四）抓执行

抓执行是把所有的重点工作细化到方案、项目、流程、细节，且分工到每一个人，并检查、督导、落地、评估、改进。我们往往很多时候策略做了一箩筐，落地执行却是"一地鸡毛"，这肯定是不行的。执行需要经验、方法和组织能力，比如这次涨价，有些区域执行得就很成功，少数做的就不够好。执行之中需要大家有韧性、能掌控细节，因为只有执行才会有结果。

（五）有业绩

业绩是对"三级一把手"非常重要的评价标准，"一把手"的好与不好、行与不行关键取决于业绩。业绩文化是华润集团及雪花啤酒非常重要的文化之一，啤酒的行业特点也决定了我们要追求业绩、要有高业绩。我们每一步的改革都要有业绩的支撑，没有发展、没有业绩的改革都是经不起历史的推敲，也经不住市场的检验。

（六）有文化

没有灵魂的队伍是打不了胜仗的。什么是"灵魂"？"灵魂"就是我们的文化，是一支队伍的精气神，是一种向上的力量，是一个团队展现出来的风气面貌。我期望我们团队的文化是积极、向上、阳光的，而不是"江湖"的、讲究"捧场"的，只有这样我们的队伍才有了打胜仗的基础。有文化是每一位"一把手"的必备素质，特别是大家作为销售的高级指挥人才。文化是"一把手"的气质，它会让"一把手"成为一团火，吸引人、凝聚人、发展人。文化更是两军相遇时、带领着销售团队敢于亮剑的精神。

正如习近平总书记在新年献词中所说："我们都在努力奔跑，我们都是追梦人。"这句话特别贴切于2019大决战元年的"雪花人"。我们是奔跑在正确大道上的一群人，我们也是为了华润雪花啤酒获得更大竞争优势和领导地位的一群有梦想的人。华润雪花啤酒当前正处在重要的战略机遇期，我们应该坚定战略自信、树立战略思维，与公司一起，成长自己、改变自己、成就自己。

这是属于华润雪花啤酒的新时代，也是属于我们全体"雪花人"的新时代，我们应该有信心、有动力去追求远大前程，实现远大目标。我相信，只要我们这群人始终凝聚在一起，不断地努力奋斗，我们就一定会实现新时代的雪花梦！

侯孝海（华润雪花啤酒总经理）
摘自2019年1月2日"三级一把手"项目
新年第一课上的讲话

到业务中去，从业务中来

今天听到了项目实施总结与优秀课题成果汇报，我想从以下三个方面评价与寄语"三个驱动轮"项目与全体学员。

一、成效巨大，远超预期

成效有多大呢？我认为张韵总概括的八个方面非常准确，即：建立了一个组织、形成了交流平台、统一了管理思想、打开了一扇窗户、提升了管理能力、确定了发展方向、形成了工作成果、打造了团队精神。以上八个方面囊括了这两年项目所取得的丰硕成果，这些成果来之不易，是华润雪花啤酒历史上从来没有过的，对公司发展的支持与推动将会在未来工作中逐渐体现。成果是在大家两年中不懈的努力、激烈的讨论、无限的思想和丰富的实践而形成的。这些成果是真正地"从业务中来，到业务中去"而获得的，是扎根于雪花啤酒完美的实践。大家直面业务存在的问题以铸造公司未来发展的动力，项目的丰硕成果与两年前我在新年第一课中对大家的期待、对项目的期许无限地接近。我们通过"三个驱动轮"提升了专业能力、规范了管理体系、打造了专业人才、推动了业务发展。如果没有这些成果，我们的业务还是那样的散漫、不规范；有了这些成果，我们才更有信心面对华润雪花啤酒的未来，从这个角度来讲，成效是超乎预期的。

更为最重要的是，我们通过"三个驱动轮"人才培养项目搭建了一个重要的平台，即我们找到了一种方法，能够把"雪花"的智慧集聚在一起，能够让大家在一起解决公司的难题，能够通过大家的努力形成雪花独有的、可执行的、有成效的管理体系和管理模式。我在 2017 年提出了关于"三三二二"人才队伍建设的思路,"三个驱动轮"人才培养项目应运而生、是第一个开始实施的项目,项目的方式和效果也是超出想象的。我相信今天在座的每一个人,在项目实施的过程中,都没有想到在这个过程中会使自己的视野扩大了、方法增加了、能力提升了、工作更有力了,这些都是"三个驱动轮"项目这个平台和方法带来的。我们获得的不仅仅是那么多的管理制度和业务模式,更难能可贵的是在这个过程中大家彼此的交流与分享,这些远比有形的东西更为宝贵。

同时,"三个驱动轮"培训也让我们获得了一个团队文化,让我们感觉到每个人在这个组织里不是孤立的、不是单打独斗的、更不是仅仅依靠自己的能力就把工作做好的,所以我们获得更高层面的收获是整个雪花啤酒组织能力的提升和文化的铸造。通过这两年的培训,华润雪花啤酒的专业组织的能力大幅度提升,将雪花啤酒过去"靠人"转变成了靠制度方法、转变成了更高层面的靠组织。其实,把一个组织打造起来、团结起来,把组织能力提升起来是比较难的,当然也是非常重要的。从一堆零散、不成体系到平台的共享、方法的建立,再到组织能力的提升,这是一个非常重要的跳跃和改变。通过这个项目,不只是雪花啤酒的管理得到了规范,不只是每一个人的技能得到了提升,更多层面上是我们这个组织获得了活力、能力和再生的力量。

综上所述,"三个驱动轮"人才培养项目成效巨大、远超预期。

二、任重道远,前途光明

任重道远是指"三个驱动轮"销售管理、销售财务、营运管理的工作其实才刚刚开始,我们"三个驱动轮"的组织能力打造才刚刚开始,掀开了第一页、开启了第一篇,在未来的发展中还有两个方面的艰巨任务:

第一个任务是大家能不能把这些工作成果继续保持发展下去。我看到三个专业班都讲述了下一步的工作计划。大家的工作计划继承了两年来的项目形式和成果，我希望在这个基础上能够继续传承和发展，道路还很漫长。所以"三个驱动轮"的平台和方法不能丢，但形式可以多样化。我们要继续有交流分享的平台，继续有学习的机会，继续有解决问题的能力。此外，"三个驱动轮"在面向高端的未来发展中还是有很多的内容需要去思考、去实践，需要大家带着这样的方法和平台去解决问题，也希望大家在未来工作中进一步提升个人能力和组织能力，永无止境地看待工作、看待业务、看待自己、看待组织，这样方能有更高的价值追求和实现。

第二个任务是指从公司决战高端的管理主题出发而任务艰巨。面对高端化发展，我们面临的竞争会更复杂，会面临更多的新问题、新要求、新难点、新疑点。我们的高档酒才刚刚开始，决战高端才刚刚启动，在发展过程还会有很多的困难，类似于"渠道营销"等新问题和难点还会层出不穷，所以我们要正视问题、端正心态，做好任重道远的准备。

第三个任务是从个人的专业人才发展的角度而言，任务更重、道路更远。从雪花啤酒学院总结的项目数据上来看，"三个驱动轮"的高管人员过往两年变动很大。这说明我们在过去很长一段时间，并没有把人当作"人才"来发展、没有把人和业务当作一个核心问题来思考，所以很多专业人才的专业能力是不够的。试想如果我们对"人才"的认识都不够，那怎么能形成专业人才呢？当我们的认识足够了，通过这两年的"三个驱动轮"项目后，我们明显感觉大家越来越专业了、有点人才的感觉了，但是细细观察大家的"才"还是不够的，业务很多但抓的还不够精，我们还没有培养出越来越多胜任的、优秀的"三个驱动轮"专业人才。众所周知，华润雪花啤酒正在推动专业人才建设，在座的各位都是管理者，承担了很大的管理职责。从"管"和"专"来说,大家的"管"和"专"同样重要,但是面向销售管理、销售财务、营运管理等各个队伍,显然"专"比"管"更重要,所以在"三轮"的队伍中,我们还要出现更多的"P"(Professional)。综上所述,从专业人才发展的角度上来看,"三个驱动轮"亦是任重道远。

前途光明是指"三个驱动轮"有了今天的积累,未来就会更加光明。我们走在正确的大路上,会越走越宽广、越走越快,这样才更快更好的到达成功的彼岸。

三、到业务中去,从业务中来

我曾在寄语四川培训中心三周年纪念册《小荷才露尖尖角》一文中提出"从业务中来、到业务中去"的培训理念。其实这两句话亦是辩证统一的。今天以"到业务中去、从业务中来"寄语大家。

"到业务中去"是指"三个驱动轮"人才培养项目结束后,大家要把项目成果和收获带回到业务中去实践。我们所有的能力,无论是个人能力,还是组织能力都需要实践的检验,实践是检验"三个驱动轮"成果的唯一标准。"到业务中去"就是要实干,把所学所想、群策群力团队共创的,把大家的才华和能力在实践当中落地开花,最终转变成为能够真正推动业务发展的"三个驱动轮";"到业务中去"还表明大家要到更一线、更深层次的业务中去,唯有到业务中去,我们才能够获得真知。

"从业务中来"是指大家在业务中实践后再回到自身的销售管理、销售财务、营运管理工作之中。具体是指:第一,将工作落实过程中的新发现、新问题、新解决方案、新创作力带回到自身工作中,使"三个驱动轮"运转更加顺畅、更加驱动业务的发展。第二,要回到全公司的平台、文化和团队上,通过三个专业班的交流平台来为公司的整个大组织做出贡献。第三,"从业务中来"的下一个目标是什么?我想是个人与组织能力的提升与驱动业务发展。以问题为导向，来解决业务难点、推动业务增长，这是"三个驱动轮"的最终目标，要实现这个目标，大家需要做到：（1）要开始考虑建立"三个驱动轮"的工作手册，从岗位职责、工作内容，到管理制度、最佳实践案例，这样才能整体推动所有管理者的管理能力提升，从而极大地增强雪花啤酒的组织能力。（2）"三个驱动轮"还是要继续能够研讨形成雪花啤酒未来进一步提升的工作方法与管理制度，这样就可以持续支撑每一个管理者不断提升，以持续的推动公司高质量发展。

"路漫漫其修远兮"，相信大家通过"三个驱动轮"两年的系统学习一定有很多的感悟和收获。当我们回首这两年，每一个人都会切实地感到与过去相比自己真的在成长。成长不仅仅是年龄长大了两岁，还是思维认知、专业技能的提升。我们现在做的工作，可能现在大家不知道它的重要性、可能很多人还不知道项目成效有多大，也可能还不清楚现在经历的事情最终会形成什么样的结果，但是当我们过几年后再回首，我们明显地会体会到无论是自己，还是我们身处的组织、雪花啤酒这个公司都发生了巨大的变化。我们会为身处这个公司、为在工作中做出的贡献、为自己所从事的事业、为公司的发展，由衷地感到骄傲和自豪。

展望前方，路虽远行则将至、事虽难做则必成。我们走在正确的大路上，只要沿着现在开创的模式、方法来继续推动，我相信每一个人的发展会越来越好，华润雪花啤酒的发展一定会越来越好！

谢谢大家！

侯孝海（华润雪花啤酒总经理）

摘自 2019 年 12 月 5 日 "三个驱动轮" 人才培养项目

毕业典礼上的讲话

我们走在大路上

三年前小径湾制定新的发展战略时,很多同事对"明天会更好"的总经理竞聘材料颇感疑惑,大多抱着犹豫不决的态度,其实这不奇怪。当时提出的发展思路"拐"得显然有点猛,"弯"得确实有点大。会议制定的五年目标,按过去常理是难以置信的;确定的战略举措,从当时实际操作看也貌似大话戏言。坊间其后流传甚广的说法是"没几个人相信",而且熟悉了过去咱们闷声"只做不说"范儿的,对始料未及的"未做先说"的画风也是不大相宜的。

那不是一次简单的战略研讨会,那其实是一个新时代的开始,是一个新雪花梦的起航。一张蓝图绘到底,五年战略纲要指引了方向;发展方略明主线,三大主题十大举措相继推出。转折、转变、攻坚克难……"雪花"由此开启了一场没有公开喊出来的"变革"。不少"雪花人"在懵懂彷徨中投入到这场后来改变"雪花"命运的改革浪潮中。三年过去了,企业业绩连创纪录,公司市值屡冲新高,利润翻倍、市值翻倍,早已兑现;员工收入冲出洼地,组织团队士气高昂,旧貌换新颜。不论是"撸起袖子加油干",还是"走进新时代",都不如现实的业绩和结果说了算。经过全体员工的艰苦努力,我们当时"吹的那些牛"大部分实现了,此一点,甚至我们的对手都不会怀疑。

我们当时的策略和目标不仅是对行业格局、发展大势的正确预判,而且是对自身优势和发展症结的清醒认识,更有对雪花管理团队和基层员工竞争能力的准确把握。没有这些做根本依托,再好的战略必定成为无根之木,再多的举措势必变为无源之水。

回头看时，会发现我们是做了那么多事情，解决了那么多难题，迈过了那么多道坎，我们甚至会惊讶于雪花员工的能量超乎自己的想象。神女应无恙，当惊世界殊。其实这毫不奇怪，品牌重塑显神威也好，组织再造创奇迹也罢；产能优化闯险滩也好，营运变革创难关也罢，当时觉得挑战巨大、风险叠加的事情，竟然两年多就完成了，或者说取得了决定性的胜利。更值得惊喜的是企业文化在两年内绽放出绚烂的色彩，为我们的队伍向太阳筑牢了定海神针。忆往昔三年，峥嵘岁月或可追忆。过程当然艰辛，不经历风雨怎么能见彩虹？故事依然感动，没有付出哪里会有回报？现在留给我们的也许是感慨，也许是自豪，为你，为伙伴，为团队，为雪花，我们有自豪的资格。

毫无悬念，我们应该把最热烈的掌声和最好的祝福，献给那些因为产能优化和组织再造而离开公司的雪花员工，他们为公司的未来做出了最大最多的付出，他们失去的不仅仅是一份工作，还是无悔的青春和奋斗的记忆，甚至是内心的家园。他们必定是雪花飞速发展和卓越业绩的最大奉献者，他们每一个人都在警醒着留下的同事更加努力奋斗，他们每一个人都值得留下的同事致以最诚挚的敬意，没有这一群人，就没有今天的成绩。他们每一个人都不简单，他们让每一朵雪花绽放光彩。

然而，凡是过往，皆为序章。

三年的成绩，只是万里长征走完了第一步。雪花依然面临着巨大的挑战，发展的前途仍未明朗。如果说过去三年的努力为雪花奠定了一个良好的发力基础的话，未来的三年战略才是真正的"太行王屋"。众所周知，横亘在我们面前的那座大山，名字叫"高端"。为此，鉴于前三年的成绩超出了预期，并提前两年完成战略目标，行业竞争的新动能向雪花集聚，雪花站在了一个新的高地和交汇点，而雪花发展的战车提速的时机也到来了。

10月28日的白洋淀，雪花234名高层管理人员又一次集结，会商大计，凝聚共识，公司新的"2020—2022三年战略"新鲜出炉，剑指"决战高端"，奋进"质量发展"，会议确定的"9+5"战略举措得到了广泛的讨论。"正入万山圈子里，一山放过一山拦"，许多新的课题等待我们去破解，许多新的短板需要我们去补齐，许多新的难关需要我们去闯过。但这一次，与会雪花人没有了疑惑，没有了彷徨，初冬的华润大学里是满目的豪情和必胜的信心。

新的三年，是立足新的目标、新的机遇、新的理念、新的举措；新的三年，为雪花谋划了一幅更加壮丽的发展前景。没接到上级的指示，没有股东提出要求，没到了生死存亡时刻，让自己更加优秀、让公司更加辉煌的雪花人自己选择了"再上一层楼"，这是我们再一次的自我加压，这是我们再一次的自我挑战，这也是我们再一次的自我实现。下一个征程，永远是雪花人勇闯天涯的起点，我们打起背包出发了。

须知，前方道路极其陌生，长于主流的我们对高端心存距离；竞品早已森严壁垒，大有敌军围我万千重之势。敌强我弱，形势肃然。胜败无定数，荣辱待分明，雪花凭什么敢于亮剑？

是借士气之高，乘胜利之势？

是积变革之力，聚动能之新？

是携天王之矛，仗金刚之刃？

…………

都是，又都不是。之所以怀有必胜的信心，只来源于"一群人"：

这是一群完全市场化、充满竞争意识的人。他们在市场竞争的风浪中摸爬滚打一辈子，为市场、为商业、为业务而生。

这是一群有理想、有情怀、有文化的人。他们来自五湖四海，奔向共同的目标。雪花之路就是他们的路，雪花的事业就是他们的事业，他们的工作是为雪花而发光的。

这是一群善于学习、勤于反思的人。学着酿酒，学做品牌，学习整合，不断进步自己，不断否定自己，他们的能力再生和自我修正已然成为习惯；

这是一群永不服输、永不满足、目标定在山尖上的人。他们把成绩当做起点，把挑战当做机会。他们崇尚业绩第一，以成败论英雄。

这更是一群行家里手、业内翘楚、专业工匠。他们业务经验丰富，专业又敬业，能吃苦，能做事，他们是真的懂啤酒的一群人。

他们因雪花而成长，雪花因他们而精彩。这群人才是雪花克敌制胜的法宝，才是雪花永续发展的引擎，才是雪花未来梦想的希望。人，也只有人，才是决定企业的根本力量。

三年前的小径湾，三年后的白洋淀，南北两地，机缘巧合，见证了雪花两次战略会。不一样的三年，不一样的雪花。三年前小荷才露尖尖角，三年后我家有女初长成。我们会为开创如此壮丽的事业而自豪，也会期盼未来的我们更杰出。雪花人，在一起，披荆斩棘，奔赴战场，成就自己，成就雪花。

有你，卓尔不凡。

侯孝海（华润雪花啤酒总经理）2020 年 1 月
载于《华润啤酒》2020 年 1 月 15 日

五点一线

2019 年 10 月底我在白洋淀已经针对"决战高端、质量发展"三年战略做了明确部署,其核心战略举措就是决战高端的"9 条"和质量发展的"5 条",俗称"9+5"。其中,由决战高端这 9 条决定未来我们高端取胜的策略和路径。在本次审核业务计划时我们发现,每个营销中心的业务计划都充分体现了 9 条战略举措的落实情况,都积累了很多实践经验,也对遇到的难点和疑点进行了诸多探讨。我在大家讨论基础上,进一步聚焦关键所在,抓住"牛鼻子",逐步总结并形成了雪花啤酒决战高端的"五点一线"方法论。

因此,决战高端"五点一线"新鲜出炉,它是最近审核各区域业务计划集体讨论出来的一个新思路,是靠我们队伍的业务实践总结提炼出来的方法论。

一、我们的战略

在讲解"五点一线"方法论之前,要先知道我们的战略为什么把决战高端放到这么高的位置上。如果说"雪花"从 1994 年至 2016 年实现了做大规模、做大品牌、实现全国销量第一的目标,那么从 2017 年至 2019 年则解决了质量发展、转型升级、高端决战的战略资源和部署问题。过去三年我们解决了很多重大历史遗留问题,部署了一系列重大战略,并再造了组织、重塑了公司文化,取得不错的成绩。但是未来三年到五年才是啤酒行业的最后一战,即:"决战高端"。

2019年我们的战略主题是"大决战、赢未来",开启了大决战的序幕;今年是"决战高端、质量发展",是真正的高端市场大决战的元年。高端战略决战的9条我已经在白洋淀会议上作了完整阐述,各区域市场也正在坚决地落地实践中,在此不再赘述。之所以叫"决战"而不是"决胜",是因为我们的高端取胜不是高歌猛进、一挥而就的,我们新时代发展的战略可分为"布局""决战""决胜"三步走。前三年我们在品牌重塑和引进、渠道帮扶和铸剑、产能优化和岗位优化、"三三二二"队伍建设等各方面都有了根本的转变,这就是质量增长阶段,突出解决强身健体和高端的运筹和布局;后三年就要实施高端决战、再上一层楼,决战的根本目的就是将我们的高端能力彻底的建立起来,将我们的高端产品彻底的销售起来,将我们的高端份额彻底的提升上来;最后的决胜还是放在下一阶段。我们要通过前三年和后三年让公司迈上新台阶,成为行业领导者,成为啤酒头部企业,为行业最后的全面决胜铺平道路。

二、我们的差距

我们与百威英博的差距很大。

虽然前三年我们利润飞速增长,但到现在我们的盈利仍只有百威中国的一半,百威的盈利主要来自高档酒,其高档酒销量是我们的两倍多。

百威销量中夜场的销量最大,毫不夸张地说目前中国的夜场啤酒话语权在百威手里,属于一枝独秀。我们在夜场的起步也早,但由于品牌方面的短板,一直没有拿下高端市场,国内其他品牌啤酒也没能抵挡住,给了百威充足时间在高端夜场上逐步占据优势。百威的餐饮除在广东、福建、浙南、西藏、长沙、赣南等地拥有较大份额外,主要聚焦在中心城市,销量虽不大,但盘踞了一些重要制高点。所以在夜场和餐饮两个场所的高端细分,百威占据绝对优势,我们与之抗衡是困难的,这是我们要清晰认识到的差距。所以决战高端，夜场和餐饮先行，就是要我们敢于亮剑。此外，百威在一些酒店、机场、会所、西餐等特殊场所也做得比我们好。

百威的盈利主要来自百威经典及以上产品，百威中国从盈利来源和发展方面看并不比雪花公司强，但在高端的盈利能力非常强，尤其是百威和科罗娜，每次涨价都带来巨大盈利，我们目前还没有一个品牌能持续几年几块钱的涨价。因此雪花的决战高端难度极大、任务艰巨，我们只有占据高端细分的优势才能真正体现企业价值和品牌价值。

三、我们的战场

"高端决战是一场战争，每个市场都是战场，连片的战场就是战区，每个战场和战区都有很多的战役。任何一个战役、战场、战区的胜利或失败，都会促进敌我双方力量的转变，引发全国高档竞争格局的变化"，为此我们需要在高端决战中把"两军"交战的战场进行战略性划分并承担不同的使命。

（一）主战场。"两省四市一特区（浙江、福建，北上广深港）"包括了京津冀、大湾区、长三角经济带，就是我们第一大战区，是最大的主战场，是最后决胜的战场，也是要以弱取胜打败对手的战场。在此主战场我们要卧薪尝胆，"打持久战"，以削弱对方优势、转换双方实力、实现稳步增长、取得最后胜利为使命。

（二）八大高地。高地是指二类直辖市和国家级中心城市，包括大成都、大武汉、大重庆、大杭州、大南京、大郑州、大西安、大天津。这些地方是目前中国经济发展最快，经济总量增长最多，人口聚集最密的地方。如果拿不下这些地方，就无法打败百威。在这八大高地，我们要"打攻坚战"，以夺取存量、获得增量、迅速超过对手为使命。

（三）N个省会。包括石家庄、哈尔滨、长春、沈阳、济南、合肥、拉萨、昆明、南宁、海口等，我们要在高档细分率先布局，率先做大，率先取得优势。

（四）其他战场。采取灵活机动的战略战术，百威强大的市场，我们要逐步地建立基础、稳步发展。百威不强的市场，我们主动出击做大做强高档份额。

四、我们的目标

高端决战总体的目标是三年决战、五年决胜，三年内我们想赶超对手的可能性很小，但可以积聚能量、快速增长、缩短差距，为五年决胜奠定基础。如果我们能通过五年决胜，那将会再次创造啤酒行业的一个奇迹。

最后一战的目标是高档销量达到 160 万吨—180 万吨，利润五年之内接近百威。啤酒行业的最后一战就是战高端，打赢这一战才能追赶上百威进入第一阵列。过去我们只是规模最大，说雪花一枝独大，百威、青岛步步追赶，后来发现这个一枝独大盈利能力较弱、品牌价值不高、员工工资较低、人员数量最多、产能富余最大，这样的雪花是大而不强的。我们与青岛、嘉士伯加起来都没有百威多。所以我们的团队要有更高的理想和信念，要把高端拿下。

五、方法论的意义

"五点一线"，是我们指导决战高端的方法论，是我们打败对手的基本战术，是我们实现高端销量增长、拿下高端份额的有力武器，作用突出，意义重大。在"雪花"20多年发展历程中，外界的质疑不断：刚开始说我们不会做啤酒，后来说我们不会做品牌，再后来又说我们不会做整合，但最后我们做成了全国销量第一做成了中国最大的雪花品牌。到了今天又说"雪花"只会做主流酒、中档酒，不会做高端酒；说我们只会做雪花品牌，不会做喜力品牌。不仅外界怀疑，其实我们自己也心存不少疑虑。"五点一线"方法论的出台就是为了解决我们能不能做高档酒、如何做高档酒的问题。

"任何军事思想都是指导作战的，任何作战经验都会对军事思想产生正面的补充和完善。军事思想解决不了前线技战术问题，但是可以指导战争的走向、决定战争的胜负，这是毛泽东军事思想的一个重要启发。"我们的"五点一线"方法论，不是指示和要求，更不是理论和学术，而是指导作战的军事思想，是指导高端决战的方法指引，希望大家掌握"五点一线"，掌握这一套方法论，在实战操作中灵活运用之。

六、我们的方法论

"雪花"真正做高端的时间不长，全面做高端也是今年才开始，我们没有完整的做高端的经验，过去雪花纯生的发展模式是采取较大费用投入实现的，增量慢、盈利低、成效差。我们在实践中充分认识到，一个新战略的启动，方向要一致，思想要共识，方法要掌握，落地要生花。我们的方法论简单、实用、快速、直接，具有实战精神、雪花特色，总结起来就是"1+2+1"，它代表我们做高档酒是全国一盘棋，奔着一个方向，怀揣一个方法，实现一个目标。

（一）第一个"1"，指秉承一个理念，即"雪花啤酒营销发展新理念"。我们做高档酒是有理念指导的，理念是原则、是方向、是价值观。通过前期品牌重塑和铸剑行动，大家越来越意识到新理念的重要性，这个新理念倾注了大家的心血、汲取大家智慧、凝聚了大家的实践。

我们决战高端是要：第一，实现有质量增长，不是粗放式的增长。第二，在做强中档、做实主流的基础上做大高档，如果主流没做实，中档没做强，那么高档地位是不稳固的。第三，做大做强经销商，不是做断臂式的发展，是要做大客户的增量。第四，提升洼地、抢占制高点、决胜高端，是互为基础、互为支撑的。第五，扩大根据地，建设解放区，是"雪花"长期制胜的法宝。第六，三位一体的价格体系管理，细分消费层级，理顺价格定位。第七，品牌引领、消费驱动、费用精益的销售模式，追求可持续的发展道路。第八，好啤酒、好产品、好品牌的产品理念，是提升战斗装备的根本所在。第九，精益销售提效率，避免低效投入，提升销售能力和效率。第十，打造一支能打仗、打胜仗的队伍，建设组织能力和个人发展平台。毛主席说过"学会弹钢琴"，邓小平同志强调"两手抓两手都要硬"，我们是"三手抓三手都要硬"，抓主流、抓中档、抓高档，这是我们决战高端的基本路线。

（二）所谓的"2"，指怀揣两大法宝。两大法宝来自我们队伍常年的作风和文化，来自雪花20多年快速发展中形成的经验和能力，对全国各地的队伍都适用。我把这些总结为两大法宝，即"从业务中来，到业务中去"和"学习推动成长，反思促进发展"。

1. 从业务中来，到业务中去。无论是我们的重大战略项目的实施，还是我们的"三个驱动轮""三级一把手"培训等，都秉承了"从业务中来到业务中去"的理念，雪花过往20多年也一直坚守这个经验。这是我们独有的强大内生力量，也是我们与百威和其他公司最重要的区别，我们所有东西都是从业务中总结而成再回到业务中去。雪花啤酒的发展之道，来自业务，又落回到业务。

2. 学习推动成长，反思促进发展。与此类似的一句话是"把学习和反思当成我们的工作习惯"，这是王群总经理的语录之一，这两句话都在告诉大家要进行学习和反思。"学习推动成长，反思促进发展"是推动我们业务成长的重要源泉，不会的可以学，没做好的可以反思。有此两大法宝，相信我们在高档酒的方法论上会越来越丰满、能力上会越来越强大。

（三）第二个"1"，指规划一套作战方针。如果说"决战高端，质量发展"是"9+5"战略，那么我们决战高端的基本方针就是"9条"，而"9条"的核心就是"5条"，将最核心的"5条"提炼萃取，就形成了这个"五点一线"。"五点一线"就是决战高端战略举措再聚焦的一套作战方针，是我们全国做高档酒的武功秘籍，是支持我们高端取胜的关键一招，是衡量我们高端业务好坏的检验标尺。我们要把"五点"做成"一线"（指五点连成一线），做实、做好、做透、做穿，相信高端一定能取得成功。

七、"五点一线"

"五点一线"，指人（高端专业人才队伍，弥补人才能力短板）、产品（"4+4"，补强高端大品种组合）、客户（铸剑，渠道二次改造，提升渠道客户能力）、制高点（千街万店，进入海量的高端终端网点）、渠道营销（丰富店内品牌活动，获得人与产品的互动体验）。要把这五点做透，还要把这五点一线贯穿。

第一点，如果没有专业的人，能干事的人，就无法解决问题，人才的重要性不言而喻。第二点，有专业的人，没有好武器也不行，所以"4+4"就是我们满足消费者、打击对手的有力武器。第三点，有了能人和利器，但是没有能力强、资源多的大客户或优秀客户，再好的武器也根本进不去高端的场所，或者进去后也站不住脚。第四点，制高点是高档消费人群的消费场所，是高档酒销售的主要阵地，是品牌展示和宣传的核心舞台，是我们决战高端的最终战场，只有抓住制高点这个"牛鼻子"才能抓住一切。第五点，人、产品、客户齐备了，也能进店了，但没有渠道营销，缺少店内活动、品牌宣传、产品体验，没有产品与消费者的沟通交流，是无法获得良好的消费体验的，也无法建立消费者喜爱的品牌，我们在制高点也无法站稳脚跟、获取销量。

所以"五点一线"是互为基础、缺一不可的，有完整逻辑、先后顺序的。首先缺人啥也不行，人是第一位。其次是产品、客户、制高点、渠道营销，从左到右一线打通，差一个环节都无法完成最后的销售。如果人不行，那就谈不上做事了；如果产品不行，人再有能力，也难以找到好客户，更谈不上进店；如果人和产品都有了，但客户不行，那么不仅难以进高端店，即使进去了也占领不了制高点；如果人、产品、客户都打通了但没有抓住制高点，没有揪住"牛鼻子"，那也是水中捞月；进了制高点，就能动销了吗，答案肯定是否定的，你没有品牌活动，没有精准营销，没有做消费体验，谁会消费呢？这就需要渠道营销。所以我们要打穿"五点"成"一线"，就是打通了"雪花"高端产品到消费者的通道，打破了"雪花"做高端的层层障碍。总结来讲就是一句形象的话：会做高端的人携带着"4+4"，佩戴着宝剑（客户），到店里开展体验活动。

以下我结合白洋淀决战高端的战略举措内容，进一步展开对"五点一线"的阐述：

（一）人。白洋淀业务研讨会上我讲高端专业人才队伍时提到组织、人才、能力，三者一个不能少。人和组织是第一要素，尤其是人才，尤其是有才华有才智的高端人才。队伍不是一个人，是指一个组织一个体系一个团队。人才的重要性大家都知道，找人、选人、育人、激励人各方面都极其重要，我们要以引进为主、培育为辅，我们的队伍中高端业务方面的人才较少，所以在一手抓培养培育自身队伍高档人才基础上，更要从市场上引进竞争对手、洋酒及夜场/高端餐饮有经验、有能力、有方法、有资源的人。引进人才要引进比自己强的人，引进能拿下高端市场的人。"引进一个人，拿下一片店，带来一堆量"。深圳、广州、陕西等营销中心在高端市场突破方面进展很好，主要原因在于引进了高端人才。

高端专业人才，标准首先是"高精尖"。高，指高层次、高素质、做高档；精，指精干，宁缺毋滥，高端人才不在多在于精，我们要的是精兵强将而非虾兵蟹将，有能力的人能成就一番事业，带动一群人的成功，会对组织产生重大影响。尖，指尖端、尖兵、尖刀，是队伍里拔尖的，是做高档的尖兵，是拿下制高点的尖刀。同时我们要建立人才吸引机制，提供发展平台、确保较高收入、建立更高激励。目前行业的竞争能量在向"雪花"聚集，我们雪花有发展平台、有收入提升的资源、有做强激励的动力，所以即便加编制加工资也要招聘到高端专业人才、也要内部培养一批高档人才。解决人才问题的难点在外部人才的引进，这是我们公司长期很少在市场上引进人才的后遗症，一般都存在两个误区，一是不愿意、不主动、不开放去挖人，嘴上说着挖人但却没有挖人的计划、方法；二是人挖来了未发挥其特长和能力，所以要进一步解放思想，开放思路。

（二）产品。"4+4"只是一个符号，代表建设强大的"中国品牌＋国际品牌"的组合群，强调的是组合，不是具象的"4+4"。我们的产品组合群主要有两大优势：

一是"中国品牌＋国际品牌"的组合，这是目前对手没有的。大国崛起，国潮涌动，没有中国品牌未来做高端肯定不行；对外开放，大国责任，没有国际品牌也是不现实的。我对这个品牌组合策略非常有信心，相信未来5—10年大家会发现这个组合是明智的选择。同时根据市场发展趋势，结合各个市场需求，选对制高点的产品组合，组建自己的"4+4"，确定好主销、主推，是落地的关键。所以我们说做好"2+2"是基线，做成"4+4"是标配。我们必须清醒的认识，除了"四大金刚"外，我们还有勇闯天涯和雪花纯生，从高档酒方面讲还要持续做大雪花纯生，再往上还有"拉维邦黑啤""黑狮白啤""老雪"这三支轻骑兵，它们属于个性化产品，虽然不是主力军，但是在独特的市场里有大舞台、大发展。

二是"四大金刚"和"四大天王"都是代表未来发展趋势的。四大金刚年轻、新潮，高颜值，中国风，适合中国的国潮。"四大天王"品质高、形象好，欧洲范，国际味足。"中国+国际"的品牌组合是我们战胜对手的重要法宝，能够支持我们决战高端。

（三）客户。大客户管理模式的概念是我去年在苏州会议时提出的，之后便开展了铸剑行动。我们高端市场没有大客户是解决不了进入制高点的目标的，大客户掌握了很多资源，包括高档终端资源、品牌资源、社会资源等。我们的铸剑行动各营销中心进展不一，但总体都有进展，并且很多地方的铸剑已发挥重大作用。铸剑和二次改造是建设雪花特色大客户的两个重要支柱，我们不仅培育赋能雪花既有的客户做大做强，我们更要对铸剑来的大客户进行持续赋能，不能一铸了之。关于铸剑我在"三级一把手"第二期点评时专门讲了六点指导思想：第一是提升认识，没有大客户是不行的。第二是解放思想，思想不通无法铸剑，未来大城市人口越来越多，成本越来越高，经济越来越强，小客户很难生存，所以铸剑思想要逐步放开。第三是主动出击，铸剑行动需要各级一把手亲自把关，目前凡是铸剑行动开展比较好的地方都是一把手亲自抓，成效明显。第四是问题导向，凡是铸剑客户，就要解决我们的问题、弥补我们的短板。铸剑客户过来以后必须实现两个增长：销量增长和利润增长，将此作为政治任务去看待，以沉重打击对手，壮大"雪花"力量。第五是灵活机动，方案一户一策，要灵活不要僵化。第六是赋能发展，给予能力的再培育和持续的帮扶。

（四）制高点。制高点不仅是高端产品消费的主要阵地，也是高端消费人群集聚的核心场所，更是高档品牌宣传的广阔舞台，更是人与产品交互体验的高光焦点。"千街万店"规划就是制高点的落地项目，也是制高点的中坚力量。"千街万店"不是指千条街万家店，而是指制高点里面的形象终端、形象街区，包括：网红店、体验店、特色店、连锁店及美食街、风情街、龙虾街、烧烤街等等。"千街万店"是一个符号，代表制高点的关键场所。另外，制高点要向纵深发展，纵深发展的核心是"五个落实"：第一要落实到每个市场的区、街、店上去。第二要落到具体的人头上去，即落实管理责任，包括客户和业务员。第三要落实到店内具体的产品组合上去，落地"4+4"、落地主销和主推。第四要落实到店内每周、每天的动销上去。第五要落实到店内的品牌活动等的渠道营销上去，强化品牌体验，刺激消费者选择，促进份额变化和专销的达成率。"千街万店"是人与产品体验的交互点，我们要一手抓销售，一手抓品牌。如果说制高点是决战高端的"牛鼻子"，那千街万店就是牛鼻子上的鼻环。

（五）渠道营销。千街万店有了，产品能否卖得动、卖得好，消费者能否喝、喝完后能否口碑推荐，主要取决于渠道营销。我去年讲的是在制高点店内的品牌活动，要"让啤酒成为主角"。渠道营销工作简单理解就是开展店内的品牌活动、消费者与产品互动体验、关键人的交流等，其目的是在店内实现人与产品的亲密接触，实现消费场景的呈现和升华。大家看过电影《大话西游》和《哪吒闹海》，我们每个渠道营销人员就是要像孙悟空或哪吒一样，能够在牛魔王肚子里和东海里扯肠踹肚、翻江倒海，在千街万店内"大闹一场"。将"千街万店"建设成为雪花啤酒"4+4"的品牌风景线，形成高档消费人群和品牌的联动，使我们的产品有口碑有销量，让更多的人去体验。渠道营销不是简单的终端促销、推广、生动化这么简单，它是足球场上的临门一脚，是决胜高端的最后一公里，是打败对手的"降龙十八掌"的最后一掌（亢龙有悔）。

以上是雪花啤酒新时代决战高端的"五点一线"方法论的阐述，说的很多，其实大家可以形象地记成"121"和"12345"，就像集体出早操跑步的口号一样，121、121、12345……只要我们把这个方法论做透做精，"雪花"的高端能力一定行。在决战高端的过程中，我们要坚定四个自信：战略自信，通过3—5年把"雪花"做成头部企业，两超之一；品牌自信，坚持"中国品牌+国际品牌"组合群；团队自信，我们走在大路上，我们的队伍向太阳；文化自信，每一个人都不简单、每一瓶"雪花"才放光彩，最好的自己需要最好的文化，最好的文化成就最好的自己。

2020年开始，"五点一线"方法论需要各销售大区充分掌握、灵活运用、创造性实践。也希望今年能总结和形成无数的经验和案例，并期待大家阶段性地对"五点一线"进行总结和反思。从业务中来，到业务中去，在实践中落地生花。

侯孝海（华润雪花啤酒总经理）
摘自2020年1月决战高端"五点一线"方法论的主题讲话

势能论

三年之前行业的发展便有向"雪花"聚集的趋势，原因是什么，会到什么程度，怎样才能促使这一趋势更大更强更快？2019 年 10 月在白洋淀讲"决战高端的三年战略"，提出雪花次高及以上的销量要在未来 3 年达到 200 万吨。以当时通过公司十几年的努力才达成的 80 万吨的销量来讲，通过三年的时间做到 200 万吨确实难度不小。但是今年，"雪花"队伍中的每个人都会坚定这个信念，这是非常大的一个改变，是要通过势和能才能说清的。

为什么叫势能论？势能论是一个理论，和矛盾论和实践论一样，希望通过理论学习能抓住业务中的主要矛盾，执行到一线去，通过践行"五点一线"方法论，切实推动业务成长。在讲理论之前先来回顾一下背景。

一、背景

1. 大战略：3+3+3

大战略是第一个背景，没有这个大战略，就没有"雪花"今天的事业；没有"雪花"今天的辉煌业绩；更没有"雪花"队伍的学习进步和昂扬斗志。主要概括为"3+3+3"，是"雪花"的 9 年战略，准确描绘了"雪花"这 9 年要走的路径，要克服的难关。

前三年（2017—2019 年）：质量增长、转型升级、创新发展。主要体现在"去包袱、强基础、蓄能量"。前三年"雪花"跑得很快，变得很快，成长得很快，决心也大。但如果第一个三年没有"去包袱"，就没有今天这么大的利润，这么好的效益，这么好的队伍。2020年，"雪花"实现了人均收入的大幅增长，位居行业前茅，这便是"去包袱"的效应。"强基础"，大量的业务越来越规范，大量的策略在推出，大量的理念在梳理；组织也在改变，"雪花"统一认识，把队伍打造成一支能打胜仗、敢打硬仗的队伍。"蓄能量"，如果没有关厂、减人释放的巨大红利，没有"雪花"与喜力的合作，没有品牌重塑，没有大客户模式，就不可能蓄积这么大的业务能量。

中三年（2020—2022年）：决战高端、质量发展。"雪花"当初制定的五年战略实际只用三年就实现了，所以接下来就有了中三年。中三年主要是"补短板""提质量""增效益"。"补短板"，"雪花"的短板只有一个：就是高端酒，竞争对手的高端酒销量是我们的两倍，这就是这三年要解决的短板。"提质量"，可以提升的工作很多，例如营运变革、信息化升级、职业发展、人才规划、财务转型，从而使管理水平、管理效率得到更高质量的提升。"增效益"，就是让公司的效益再翻一番，有更大的资源来投入"4+4"，今年"4+4"产品的品牌投入费用是公司历史上最高的一年。"双引擎"发展的构想来自品牌重塑和高端业务的发展引擎和产能优化营运重构和组织优化的管理变革。"雪花"前三年主要是管理变革为主、品牌和高端业务为辅的发展推动，中三年要演变为双引擎同步发展的动力。未来品牌和高端业务释放的利润会越来越大，但前期的品牌投入一定要有一个5年的时间。

后三年（2023—2025年）：高端制胜、卓越发展。如果说中三年的目标是接近对手，那么后三年的目标就是要全线超越对手。后三年主要是"赢高端""双对标""做一流"。2025年，国家"十四五"规划结束，雪花要用实际行动，完成习总书记对央企的要求，做国际一流的啤酒企业。"赢高端"不是接近目标而是要超越，"双对标"要把能量再提高，"做一流"

是要做世界一流的啤酒企业。

2. 大疫逆行

疫情于雪花而言，是把这个重大危机进行转化。雪花很早就提出了要变危机为机遇，要做行业的逆行者；坚定策略方向，提出"策略不变、目标不变、投入不减、资源集中"的指导原则；明确"下决心、出重手、强执行、铸明天"的十二字方针；打响高端决战的"第一枪"；全公司部署大会战"三抢""三挖"，并坚定重大问题业务和价格问题的歼灭战；倡导执行，到一线去。

因为雪花"3+3+3"战略的逐渐成形，势能起来了，才有了今天的成绩。

3. 决战加速度

二季度雪花销量利润创历史纪录。1—9月销量大幅跑赢行业水平，利润同期增长超预期。面对一季度雪花利润减少五六个亿的情况，雪花乘势向上增加投入，二三季度不仅把一季度减少的五六亿抢回，而且利润赶超同期。"4+4"进展达预期，"喜力"超预期，"蓝瓶"小爆发，"马尔斯绿""匠心""脸谱"呈现"三年小成、五年大成"的趋势。两省四市高端业务"显著改善"，西南"持续向上"，其他市场"持续走高"。夜场、餐饮抢夺、非现高档化拓展的趋势加快。"五点一线"落地成效初显。高端能力提升超预期。队伍士气向好、战斗力增强。雪花这两年的执行力在行业里有口皆碑，竞品望尘莫及。

由于疫情期间弯道超车，加速度提升我们的能量和能力，所以我们的势和能发生了重大变化。

二、势和能

什么是势？本义指力量惯性趋向。什么是能？指能量、能力。这是百度上的"势和能"的释义。下面是有关势、能的另一种理解。

势，为趋势和势力，趋势是指事务发展的进程和方向，是决定到哪里去？如大江东去。势力是气势、实力，是描述事务发展趋势的力度和速度，是决定到那里去需要用力多大、时间多快？如千里江陵一日还。

能，为才能、能力、能量。才能是才华，是描述"能"的多少，如才高八斗，能文能武，能说会唱，十八般武艺样样精通；能力是指"能"的力度和作用力，有才能未必有能力，如纸上谈兵、花架子、会使拳棒的洪教头，能力是需要真刀真枪的实践才可以具备的。能量是"能"的规模和大小，如滔滔江水之奔腾、如原子裂变之核能。

势和能之间存在多种关系。第一是因果关系。"能"是因，"势"为果，因能成势。为此，重因不重果，重能不重势。第二是相辅相成，同向发展。有能才起势，起势必有能。能大则势成，能小势不立。第三是主观与客观。能为主观，势为客观；"能"具备可塑造可成长的主观性，是可以通过主观的努力，从无到有，从弱到强，是人发挥主动性加以改变或实现的。比如不会渠道营销，但可以学，可以实践，这就是能力；"势"属于客观存在的，是各种"能"的驱动下形成的，不以人的意志和愿望为转移的，是无法直接在趋势上加以人为改变的；大凡人或事，要么顺应"趋势"，要么在"能"上主动下功夫以改变趋势。当然，了解趋势，掌握趋势的各种动能，创造和发展利于自我的动能，才能改变趋势，或促进趋势有利于自己更快发展。第四是动态转化关系。能是动态的，是变化的；能的有无、多少、大小、有无作用，都是动态变化的。为此，我们称之为"动能"。势也是动态变化的，而且是随着动能的发展而发展，随着动能的变化而变化；最重要的是：能和势，具备转化关系，动能的发展将一直驱动"势"的内部改变，当动能的变化达一定的临界点，"势"会彻底转变，大势扭转，此为量变到质变之原理。大家比较熟悉的曹操与袁绍的官渡之战，当时袁绍的军队数量远多于曹操，当时的势和能都在袁绍这边，但是曹操抓住了乌巢粮仓这个关键点发展自己的动能，很快扭转了战局。

三、竞争性势能

竞争性的组织主要有三大特点：分阵营、对抗性、论输赢。分阵营为论敌我、分彼此，界限分明，关系对立，利益冲突，这种阵营可以是两个、三个甚至更多；对抗性为采取竞争方式、争斗方式，损人利己，互不相让，竞合只是对抗的一种形式而已；论输赢是竞争性的双方，以输赢为目的，谁输谁赢，输赢多少是评价竞争双方或多方的唯一标准。春秋五霸战国七雄，就是中国历史上最大的竞争性势和能的例子。

竞争性势能，是在竞争环境下，势和能为竞争者各方具有，各方的势和能对抗，并互相转换，改变各方的竞争能力和趋势。竞争性势和能，是最终决定成败输赢的驱动因素。我们通常将竞争性势能称之为：竞争的趋势和动能。春秋时期孔子一腔热血，无法铸就一个太平的世界，一个仁爱的世界，其根本原因就是处于逆势，但又无法提升动能改变大的趋势。

对竞争的各方来说，竞争刚开始，竞争者具备各自的能，处于不同的势；在竞争中，各自都会建立和提升动能，以提高竞争力量，取得有利之势。随着竞争者持续的动能改变，各方的动能互相比拼消耗互换，弱强之争逐步进化，"势"会逐步演变，或势均力敌，或乘势而上，或大势已去。中国共产党成立后二十多年的发展，历经血与火的艰苦斗争最终夺取全中国的胜利，就是持续改变自身的动能，最终赢得趋势的典型体现。理论上看，竞争者互相角逐，其势和能的转化，也将经历弱动能弱趋势、均动能均趋势、强动能强趋势的阶段演进，类似《论持久战》的退却、相持、反攻三个阶段，这三个阶段主要讲的是势和能的转换过程。

竞争者对势能的主动管理，是其核心能力之一。竞争者须根据其竞争地位，竞争目标，分析其动能和趋势，以把握其动能的大小、强弱，分析其势能发展的进程，从而建立改变或者发展关键动力或者竞争性关键动态，增强对抗的强弱力量，以演变竞争的走向。企业的高端"大决战"就是这样演变来的。一是大本营和统帅部必须将动能和趋势的分析和掌控，作为收集信息、分析竞争、制定战略、部署工作的出发点和落脚点，以准确定位自我的动能和趋势；二是以动能的发展和转变为手段，将竞争战略举措和重点工作集中到提升竞争动能、促进趋势发展（转变）的目标上来；三是提升积聚自身竞争动能，促成竞争趋势量变到质变，以建立压倒性、决定性发展大趋势，成为最终的胜利者。

当然，竞争者的商业特点，决定了其竞争具备竞争者无法改变的商业势能，此为大势能，如政治环境、技术发展、经济要素、人口迭代等等，类似于政治竞争者的"王道"。商业竞争者对大势能的洞察，是商业竞争者的核心能力之一。商业竞争者须分析商业发展的势能，找到产业或商业的发展动能和趋势，从而确保自己能在商业上"顺应大势"而发展，避免"大逆不道"。习近平总书记提出要站在历史正确的一边，要明白历史的发展趋势，这个势是要去洞察了解的，把握站在哪一边，要顺势要乘势。那么在同样的大势下，面临对手，雪花要改变、提升、发展自己的竞争性动力，彻底扭转决战和竞争的趋势，建立压倒性、决定性的能力，赢取最终的胜利。

四、"雪花"的动能和势能

"雪花"之动能，是基于行业发展的势能分析下，根据大势能的演变，确立的动能发展规划；是公司在啤酒行业中竞争、发展的动能；是基于战略目标达成而创造和提升的战略能力。"雪花"之动能，具备强烈的行业大势、竞争特点和战略导向，并处于动态发展中。公司经过二十年的发展，尤其是近三年的改革，已经发展和具备了 N 种动能，如对行业大势的把握，战略的引领，产能的效率，组织文化落地，营销的理念和实践等。"雪花的动能，持续积聚发展，动能比较优势日益显现"。

"雪花"之趋势，是顺应和引导行业发展的领军之势；是公司完成"3+3+3"战略的发展之势；是取得优势市场竞争地位的竞争之势。公司继承二十年奋斗之优势，经过三年改革，已经形成了 N 个大势，如经营结果持续向好，成高质量发展之大势；股价市值屡创新高，成头部企业建立之大势；中高档酒持续增长，成高端决战加速度之大势，"4+4"产品，"小蓝瓶"快速爆发；产能效率压茬释放，成本效益叠加提升之大势；品牌、人才、文化，成日益能量积聚之大势等。"行业的势能，向雪花加速积聚，趋势站在我们一边"。

看行业大势，高端化、提价格、产能优化、效益提升、市值创新高、品类多元化都已有共识。TOP5（前5）分化，啤酒行业的头部企业逐步显现。今年以来，主要对手应对疫情缓慢，势能在衰减，有的企业组织动荡、人才流失、文化分散、产生腐败、战斗力弱；有的企业策略不统一；有的企业价格日趋混乱，渠道利益减少，渠道、终端、品牌竞争力下降；有的企业主力品牌老化，新品牌时间短、投资少、形象难以建立。但主要竞争对手依然在高档、大客户、制高点尤其夜场、国际品牌群占有优势。

"雪花"高端正当势。一是有高端之能，有新营销发展理念，有"五点一线"的方法，有从业务中来、到业务中去，有品牌动能的"4+4"，有渠道动能的二次改造、铸剑、大客户模式，也有价格动能的三价统一、价格整治，也有终端动能的制高点、千街万店，等等。"雪花"也有人才，有竞争力薪酬，和目前在行业中极具竞争力的薪酬水平。执行方面，策略全国一盘棋、执行到一线、文化与薪酬双驱动呈燎原之势。"雪花"的文化、央企的责任、从严治党,带来强大的体制动能。

二是"雪花"有高端之势,决战高端的落地在加速,高端的增长速度极快,"4+4"品牌上市和动销良好,大客户资源逐渐在获取,制高点终端快速进入,人才不断向我们靠近。

五、积聚动能,乘势向上

实践证明,并将继续证明,"雪花"竞争战略的动能加速度爆发,行业势能向"雪花"积聚,发展趋势持续向好,向头部企业、行业领袖坚定前进;"雪花",高端决战的动能超预期提升,高端势能向"雪花"聚集,决战高端在加速。未来将证明,"雪花"走在正确的大路上,站在历史正确的一边,我辈须不忘初心继续奋斗,勇立大趋势的潮头,积聚更大更多的发展动能,达成压倒性或决定性的竞争趋势,促成势能的量变到质变,奠定决战高端质量发展的胜利。

希望大家在新的时代,积聚动能,乘势向上,做最强大的自己。

侯孝海(华润雪花啤酒总经理)
摘自 2020 年 10 月 16 日决战高端落地经验交流会上的讲话

篇后语 POSTSCRIPT

时间走到 2021 年，站在啤酒行业新的拐点，"雪花"之路上布满挑战，也蕴藏机遇。华润雪花正在做的事，都是很难的事，甚至并不比 1993 年一脚迈入啤酒行业时轻松。然而"雪花人"心里却无比坚定，就像当年坚定地要做中国第一的啤酒公司一样。

现在的"雪花"和过去，其实是一样的。

在"雪花"内部，大家都知道战略自信、品牌自信、团队自信、文化自信这"四个自信"。自 1993 年以来，这"四个自信"就在"雪花人"身上打下了深深的烙印。28 年后的今天，消费群体、行业、市场竞争、管理模式已经发生了天翻地覆的变化，"雪花人"依然走在正确的道路上。战略自信，在昨天是"蘑菇战略"，是"沿江沿海"，是"全国布局"，在今天是"决战高端"；品牌自信，从做大"雪花"到勇闯天涯，从雪花纯生到雪花脸谱，再到今天的"中国品牌 + 国际品牌"组合群；团队自信，我们一直走在大路上，我们的队伍永远向太阳；文化自信，每一个人都不简单，每一瓶"雪花"才放光彩，最好的自己需要最好的文化，最好的文化成就最好的自己。

现在的"雪花"和过去，又是不一样的。

现在的"雪花"愿景是成为消费者信赖、员工自豪、行业领先的国际化酿酒企业，要完成利润增长、品牌制胜、质量发展的光荣使命。在复杂多变的时代里，这样的愿景更需要全体"雪花人"凝心聚力，攻坚克难，创造一个新时代。与可喜的业绩相比，更可贵的是，"雪花人"开始接受公司的变革。"现在和从前不一样"成了华润雪花的主旋律，"雪花人"

投入进了一场自我颠覆的变革中。作为一个成立将近30年的企业,焕发出令人难以置信的活力。

这也正是我们要写这本书的原因,铭记历史,不忘初心,砥砺前行。书中的这些内容见证着"雪花"发展历程中的激情岁月,记录着"雪花人"的勤奋、专业和成长,以及他们所经过的艰难困苦的淬砺,记载着"雪花"在发展壮大道路上的苦苦思索,刻印下"雪花"在快消品的浪潮中步履艰难,也铭记了"雪花"在新时代下自我更新的崭新之旅。过去的28年,我们共同创造了一个"雪花"。这条路,是"雪花人"前赴后继一步一步踩出来的,现在这条路已经指向远方。

我们也希望这本书对中国啤酒行业、对处于不断变革的中国企业有所裨益,在每个时代做出应有的作为,共同"引领产业发展,酿造美好生活"。

这本书从2018年4月开始策划,原先在公司内部以《雪花之路》为名的刊物对内赠阅,2020年初,整理完善对外出版。其间由孙平、王莹、时悦、童敏、赵晓民、狄万勇、高杰、沈音、管清波、李倩等参与编写。为了最本真地还原历史情节,我们先后走访了27位"雪花"的(原、现)管理者,包括:侯孝海(华润雪花啤酒党委书记/总经理)、张书中(华润雪花啤酒原财务总监)、程文风(华润雪花啤酒原技术总监)、穆宏(江苏区域公司原总经理)、张量(四川区域公司原总经理)、张钢(华润雪花啤酒原副总经理)、程绍凯(华润雪花啤酒副总经理)、张立(华润雪花啤酒原总经理助理)、刘有泰(华润雪花啤酒副总经理、辽宁区域公司总经理)、丁小兵(华润雪花啤酒原助理总经理、湖北区域公司总经理)、魏强(华润雪花啤酒财务总监)、李照明(浙江区域公司原总经理)、那永卓(山东区域公司原总经理)、吴康林(河南区域公司总经理)、赵夕芳(江苏区域公司总经理)、张远堂(总部法律部原总经理)、陈立刚(总部战略管理部原总监）、孙平（总部人力资源部总监、组织再造／文化重塑项目组长）、郝成（总部纪检部总监）、钟俊辉（总部生产中心技术质量部总监）、张韵（总部财务部副总监）、吴滨（总部营销中心销售管理部总监）、张中涪（总部审计部副总监）、郑关军（湖北区域公司副总经理）、顾延春（浙江区域公司原副总经理）、澹台海青（天津区域公司副总经理）、寇祖风（总部财务部副总监）……他们都是"雪花"发展历史的亲历者与见证者，共计形成了20余万字的采访记录。当他们在讲述这些故事的时候，除了有感于时间飞逝之外，也为自己曾经和正在拥有的那一段经历、那一份感情，生发出万千感慨！

更有在此书付梓之前来不及记下名字的朋友，也请你们记住我们衷心的感谢！

华润雪花啤酒（中国）有限公司
2021年9月30日

❄

每一个人都不简单
每一瓶酒才放光彩

每一瓶雪花啤酒背后,都有一群兢兢业业,
将工作做到极致、做到尽善尽美的人;员工有成就,
团队有成绩,每一瓶雪花啤酒焕发光芒。